寰宇投資策略
378

你也可以成為股市天才

You Can Be A Stock Market Genius

Joel Greenblatt 著／黃嘉斌 譯

寰宇出版股份有限公司

獻給我最棒的妻子茱莉
以及四位傑出的子女。

目錄

推薦序

自從我看了『大賣空』之後，對其中談到的《你也可以成為股市天才》這本書非常地感興趣。為什麼呢？因為這本書促使不少價值投資者成為基金經理人，連傳奇價值投資者Seth Klarman都將此書列入推薦書單之中，只可惜台灣一直等不到此書的翻譯，這次非常感謝寰宇出版翻譯此書，讓我有一睹為快的機會。

這本書談的是『特殊事件交易』、包含『分拆公司』、『破產』、『套利』、『重整』這類比較少見的價值投資法。這種類型的投資風格是屬於『下檔風險型』的價值投資法，重視下檔風險大過獲利報酬，原因在於：

1. 投資只要不虧錢，無論大賺還是小賺結果都是好的。
2. 獲利會自己照顧自己。
3. 時間是好公司的朋友，壞公司的敵人。

怎樣才能確定下檔有限？關鍵在於管理團隊必須要有強力的動機持續經營，因此要確認管理團隊的持股狀況，甚至是否有增加認股權證。好的投資機會，管理階層和員工都會有強烈的持股動機。

但是介入『重整型』標的通常需要時間醞釀，如果你的錢長期放在重整型標的，會讓資金的運用效率不佳，因此買進的理由除了要有安全餘裕之外，還要『尋找催化劑』；如果擁有『催化劑』，股價回到內在價值的速度就會加快，因此價值投資者在決定買入之前，總是會先尋找催化劑。

台股有沒有這種投資機會出現呢？當然有，只是很難找。例如我在二〇一五年五月以三十七元左右買進台聯電這間公司，此公司只看損益表根本毫無過人之處，但是資產負債表上毫無負債，卻有興櫃股王聯亞（3081）高達六千一百九十九張，當聯亞七月上市這個催化劑出現後，淨值就會跳到五十一元以上！我在六月底以五十三元賣出，報酬率四十三％，短短兩個月就獲利數十萬。

特殊事件交易通常是波段操作，其操作原則是：『好公司就長期投資，一般公司就短線操作。』因為你之所以有買進的機會，是因為特殊事件造成的安全餘裕，等到股價回到市場認同值的時候就可以賣出。這就是所謂『低估時買入，合理價賣出。』，如果是很好的公司遇到特殊事件的打擊，那就應該『低估時買入，高估時賣出。』通常高估的時間點要等很久，因此會變成長期投資的狀況。

相較於尋找『冷門股』、『遇到倒霉事』、『市場不理性殺盤』這種傳統型的價值投資時，『特殊事件交易』擁有更深的安全餘裕，同時也需要更多的專業知識以挖掘出更深入的資訊，而相對的報酬也更豐厚。

除此之外，本書作者還運用了價值投資者很少用的技巧：長期選擇權交易(LEAPS)，一種到期日高達兩年半的選擇權。一般而言價值投資者並不會使用選擇權，但是作者靠長期選擇權(LEAPS)賺了很多錢。

這種投資的道理在於：『如果一間公司的股票被低估，其長期買權就是被嚴重低估。』例如一間公司股價的內在價值是六十元，但股價是四十元，就表示現在有五十%的潛在報酬；如果你買的是履約價六十元的長期買權，這個買權一旦從價外進入價平，甚至進入價內，獲利就是以好幾倍計算。

想要學會這招，你必須同時了解價值投資的估價法和選擇權的基本理論，才能發掘出錯誤定價的機會，並且使用選擇權來加強效果。

『特殊事件』加上『長期選擇權』，聽起來好像複雜又困難。嗯，也許是，所以這個戰場的對手相對少。如果剛好你很擅長這個戰區，說不定你就因此有賺大錢的機會。

有人問過巴菲特：『怎樣才能贏過西洋棋王？』，巴菲特回答說：『別和他比西洋棋，比你擅長的。』選好戰場，尤其是你擅長的戰場，這麼一來最重要的方向就已經決定了，剩下的只是策略而已。隨著經驗成長和技巧的成熟，你也可以成為股市天才。

——價值投資者　雷浩斯

謝詞

像這樣的著作能夠問世，可追究的人很多。當然，有關本書的任何錯誤、疏漏、不當言論或錯誤建議，全都得由某位不知所蹤、來自克里夫蘭的人承擔。因此，我別無選擇，只能供出以下這些共犯。

首先是歌譚資本（Gotham Capital）的所有人員，這其中包括我的犯罪伙伴Daniel Nir。歌譚資本剛成立時，我很幸運從哈佛大學商學院裡找到他——他也是歌譚資本得以成功的主要因素，更是本書最主要的貢獻者與支持者。另一位伙伴Robert Goldstein用非常誠懇（同時也深具遠見）的態度評論本書，我要感謝他提供本書許多範例，包括標準醫療公司（Charter Medical），還有他對於萬豪主公司與自由媒體（Host Marriot and Liberty Media）的研究工作。我的伙伴Edward（Ned）Grie提供了很多有用的評論與研究，包括通用動力（General Dynamics）與斯垂泰克（Strattec）的相關資料。雖然這些非凡的投資人，每位都可以不在任何合夥人的協助之下，獨立創造傑出的投資績效，但我覺得自己很幸運，能夠跟這群朋友一起工作。

談到才華與友誼，我也要特別感謝歌譚最熱忱、最無畏的首席交易員Lisa Alpert，還有我們的首席財務主管和老好人Bruce Berkowitz（他和當時富國銀行的某位投資者同名，但兩人完全沒關係）；還有我們多才多藝的辦公室主任Alison Jarret。

歌譚家族還有兩個成員特別值得我致意。第一位是Burce Newberg，他是歌譚之所以能夠成功所不可或缺之人，他不但負責募集歌譚的起始資本，更持續貢獻睿智的建議、精彩的投資點子，以及熱忱的友誼。能交到如此忠誠的好友，真令我感到三生有幸。另一位歌譚成員剛好也是我的姐姐Linda Greeblatt，她對於本書貢獻良多，即使已經前後閱讀十餘次了，她還是有辦法在適當處表達她的幽默，而且還能找到時間，成功照顧好自己的投資Saddle Rock Partners。她所展現的無比耐心、熱忱與智慧，對於本書最後結果產生顯著的影響。如果沒有Lisa的幫助，我絕對無法完成本書。

至於其他嫌疑犯，我也要在此感謝他們的貢獻與友誼，包括：來自哥倫比亞商學院Hamilton Partnership的John Scully，他是我在Halcyon時代的好友兼導師；Oppenheimer & Co執行董事Eric Rosenfeld；Metropolitan Capital Advisors的管理合夥人Jeffrey Schwarz；Pzena投資管理公司的Richard Pzena；Canyon Partners的管理合夥人Mitch Julis；Baupost集團總經理Seth Klarman；我在Lane，Altman & Owens的合夥人與律師Joseph Mazzella；我在史密斯邦尼的經紀人Robert Kushel；還有Mark Gimpel閣下讓我回憶起阿帕契接力，Gary E. Warren少校的幽默評論，以及Label Lam教師的珍貴教誨。

特別感謝Acorn Partner管理合夥人與Delphi Financial Group董事長Bob Rosenkranz；

感謝他多年來對於歌譚的熱忱支持；Ezra Merkin曾經在一九八〇年代擔任歌譚合夥人；Stan Kaplan則是歌譚最初五年的首席交易員。

感謝我在Simon & Schuster的編輯Bob Mecoy，以及我的代理人Sandra Dijkstra。還要感謝Guy Kettelhack對於本書的建議與支持。

我要特別感謝家人對於我的愛、支持與鼓勵，你們每個人都對我與本書做出了最大的貢獻；感謝我最偉大的父母親Allan與Muriel Greenblatt；還有Richard與Amy Greenblatt；還有Gary與Sharon Curhan博士；還有我的姻親George與Cecile Teebor博士。

我也對我兒子感到萬分感激。他不斷提出質疑：「所以，你是幹嘛的？警察？消防員？你究竟是做什麼？」他的問題也是本書得以完成的最大動機。如今我起碼可以這樣回答：「你知道蘇斯博士（Dr. Seuss）是幹什麼的，對吧？」

最後，我要感謝我生命中的最愛（我的妻子）與我們四位令人無法置信的小孩，感謝你們給我的每個珍貴日子。

第一章 通往成功致富之路

如果光靠一本書，就能教導各位在股票市場賺大錢，那顯然不太合理。各位所面對的，是控制著數十億資產的投資組合經理人，還有無數取得MBA學位的專家，各位想想，自己還能有多少機會呢？不久之前才拿幾百塊錢買下這本書的你，與那些傢伙之間的競爭，看起來實在不怎麼公平。

沒錯，確實不公平。那些高不可攀的華爾街基金經理人，以及自命不凡的MBA學者，他們根本就沒什麼機會，能與各位或本書相抗衡。這倒不是因為各位將在本書找到什麼神秘公式，本書也不是什麼保證成功的秘笈，但各位只要願意投入合理的時間和精力，就有很好的機會在股票市場中贏得成功，甚至賺取財富。

好吧！關鍵在哪裡呢？如果那麼簡單的話，為何不是那些MBA與專業玩家把你打得滿地找牙？他們也投入了不少時間和精力，而且他們即使不是最厲害的科學家，起碼也不是村夫白痴，不是嗎？

這聽起來或許有點奇怪，但箇中並沒有什麼花俏之處。關於這個看似矛盾的問題——你為何有潛力擊潰那些所謂的「專家」——答案就在於學術界所倡導的理論、華爾街的內在運作方式，還有我親家們週末的消遣活動之中。

首先讓我們來看看，各位在教育背景方面的好消息：簡言之，你的目標如果是擊敗市場，那麼取得頂尖學府的MBA或博士學位，基本上是沒有什麼用處的。這應該算是個好消息，前提是各位還沒有在商學院裡花費無數時間和金錢，一心想藉此追求股票市場的成功。事實上，大多數學術理論的基本主張是：除了仰賴運氣之外，任何人都不可能穩定擊敗市場。

這套理論通常被稱之為效率市場（efficient-market）理論，或隨機漫步（random-walk）理論。根據這套理論的說法，任何特定的上市公司，都有無數投資人和分析師研究其所有的公開資訊，然後透過決策與買賣行為，決定出「正確的」交易價格。所以，股票基本上都是透過有效率的方式決定其價格，因此任何人都無法穩定找到價格便宜的股票，投資人的績效表現也不可能長期勝過大盤指數。雖然學術界也曾談到一些例外情況（譬如：一月效應、小規模效應或低本益比策略），但這些「足以擊敗市場」的策略在扣除稅金和交易成本之後，也都會變得無關緊要、效果短暫。

由於沒辦法擊敗市場，所以金融學教授們花費大量時間，傳授所謂的二項式參數規劃（quadratic parametric programming），也就是在三維空間如何做分散投資。換言之，如果你花足夠時間玩弄這些複雜的數學公式，再做些微積分和統計計算，你的投資績效就有機會跟大盤指數相當。哇！這一切所傳達的訊息很清楚：你無法擊敗市場，甚至連試都不要試。成千上萬的MBA和博士，他們花了大量金錢與時間，才得出這個無聊的結論。

關於這些教授們的教誨，我們可以基於兩種理由而不接受。第一，學術理論所引用的假設和方法，存在著某些根本上的瑕疵。我們稍後就會談論這些瑕疵，但這並不是本書想要討論的主題。第二，也更重要的理由是，即使這些教授的說法全都正確，股票市場也確實很有效率，但他們的研究和結論卻未必適用於你。

華爾街業者顯然也不會贊同學術界的看法，這些人不論是賺取手續費或顧問費，基本上都是靠著提供建議謀生，他們當然不會認為自己的建議毫無價值。可是，對這些專業者來說，很不幸的是，事實卻似乎支持學術界的結論。學術界的理論如果正確的話，那麼退休基金與共同基金的長期績效，大致上就應該等於大盤指數減掉顧問費用。結果呢？實際上僅稍微偏離效率市場理論的推測，這些專業玩家的表現，還比大盤指數低了一％左右（這甚至還沒扣除管理費用呢）。市場「或多或少」具備效率的理論，是否能夠解釋這些專業玩家的績效不彰，還是另有其他因素，導致他們的表現如此拙劣呢？

專業者所面臨的挑戰

我認識一位在這個領域裡最棒的專業者，他是我的朋友，我都管他叫鮑伯（雖然他的真實姓名叫做「富豪」）。鮑伯在某主要投資機構負責管理美國股票基金，資產規模高達一百二十億美元。各位知道一百二十億美元是多少錢嗎？拿一百美元的紙鈔來說，一百二十億美元可以堆砌成二十座世貿中心。根據鮑伯的說法，其投資組合的績效，是藉由標準普爾五百指數的表現來衡量的。事實上，鮑伯的紀錄非常傑出：過去十年來，其投資組合的平均年度報酬率，比標準普爾五百指數高出二～三%。

乍看之下，所謂「傑出」的表現和每年高出二～三%的績效，看起來似乎有些名不符實。雖然每年二%的報酬差異，經過二十年的複利之後，結果將會形成五十%的淨值差別，但這並不是鮑伯表現傑出的真正關鍵。鮑伯的表現之所以傑出，是因為在投資組合規模高達數十億的領域裡，想要穩定創造超額報酬是非常困難的。我們只要做些簡單的計算，就不難瞭解鮑伯單單因為資產規模所面臨的限制。以一百二十億美元的資產來說，如果要平均配置到每個股票部位，結果會如何呢？如果是五十支股票，每支股票大約要持有價值兩億四千萬美元的資產，如果是一百支股票，每支股票則為一億兩千萬美元。

目前，紐約證交所、美國證交所與納斯達克店頭市場的掛牌股票總共約有九千種。其中資本市值超過二十五億美元的股票約有八百種，超過十億美元的大約有一千五百種。假定鮑伯的任何持股，數量都不希望超過在外流通股數的十%（基於法律規定和市場流動性考量），那麼鮑伯投資組合的持股種類可能就介於五十～一百種。如果想要挑選一些其他專業者比較不注意的股票，或價格特別便宜的股票，鮑伯選擇股票的母體可能就要擴充到資本市值不足十億美元的股票。在這種情況下，鮑伯投資組合的持股種類很可能就會增加到兩百種以上。

直覺告訴我們，持有分散性投資組合可以擁有一些優勢，因為萬一持有一、兩支不幸的股票，也不至於嚴重傷害到投資組合與信心。不過，所謂「恰當的」分散性投資組合，究竟應該持有多少種股票呢？五十種？一百種？或甚至兩百種？

以股票市場投資所涉及的整體風險來說，分散投資實際上只能解決部分（而且不是主要部分）的問題。即使投資組合擁有全部九千種的掛牌股票，仍然要承擔整體市場漲跌的風險。這種風險稱為「市場風險」，是不能藉由「完美的」分散投資而排除的。

買進更多種的股票，雖然無法規避市場風險，但還是可以協助你避開另一種風險──「非市場風險」。非市場風險是指跟整體股票市場走勢無關的股票風險。這類風險可能是因為個別股票所引起，譬如：某公司的工廠發生火災，或是某企業產品銷售不如預期等等。換言之，如果不把所有的雞蛋放在一個籃子裡，你就可以藉由分散投資而減輕個別股票價格波動的風險。

統計理論告訴我們，相較於持有單一股票，持有二支股票可以消除四十六％的非市場風險。如果持有四支股票，則可以消除七十二％的這種風險，八支股票可以消除八十一％，十六支股票為九十三％，三十二支股票為九十六％，五百支股票為九十九％。姑且不論這些統計數據是否精確，有兩件事必須記住：

1. 持有六支或八支不同產業的股票之後，如果為了降低投資組合風險而繼續增加持股種類，效果其實很小。

2. 投資組合增加持股種類，並不能消除整體風險。

從實務立場來看，鮑伯會挑選他最喜愛的股票，不過當他挑選到第二十支、第三十支與第八十支股票時，他已經是根據投資組合資金規模、法律規範或投資信託等方面作為考量，而不是因為他認為後來所選的股票跟第一支選股一樣好，也不再是因為他需要持有那些股票才能達到最佳分散投資的目的了。

總之，可憐的鮑伯，他只能從最熱門的股票中做挑選，還必須顧慮其買賣是否會影響行情走勢，而且還要考慮每季、甚至每個月的績效表現。

很幸運的是，各位並不需要煩惱這些問題。

各位能成功的奧秘

看到了鮑伯的處境，投資人能否在股票市場另闢蹊徑呢？不論是好或是壞，一切似乎都可以從我親家的嗜好說起（不用擔心，我是說我的親家，不是你的）。

平常的週末，我親家們都會到處逛各種拍賣場、古董店，尋找他們喜歡的古董與藝術品。身為熱衷此道的蒐集者，他們一直在尋找他們想要擁有的東西。可是，他們也是資本家，所以他們會尋找價值低估或價值尚未被認可的藝術品或古董，然後想辦法低價買進。

身為資本家，我的親家們採行的是一種簡單的策略。當他們發現自己喜歡的古董或印象派畫作時，只會問一個問題——最近是否有類似的作品高價拍賣？

這確實是個簡單的問題，雖然其他問題可能更有意義，譬如說「這個畫家是否將成為另一個畢卡索？」或「十八世紀的法國家具，價格是否會大漲？」關於這類對於未來發展的預測，或許可以讓當事人取得更豐厚的收穫，但很少有人可以整合能力、知識與時效，穩定預測出未來事件的發展。姑且不論我的親家們是否能夠預測未來，但其實他們也沒那種必要——因為他們已經知道如何藉由研究當下的狀況，進而從中獲利。

第二章

旅途必備的基本知識

十五歲時，好萊塢賽狗場是我唯一溜得進去的賭博場所。我第一次非法拜訪這個場所時，就發現了一個穩當的贏錢機會。第三輪賽事，我發現有條狗先前六次的比賽成績全都不超過三十二秒。這條狗（我稱呼牠為Lucky）的賠率是九十九：一。而在這輪賽事裡，其他狗先前的比賽成績，全都沒有快過四十四秒。

當然，我二話不說就把所有家當全都押到Lucky身上。我心想如果那些傻瓜硬要把錢塞給我，我也不好反對。可是，結果在這次賽事裡，Lucky跑最後一名，而我也沒辦法再堅持其他人是「傻瓜」了。

原來，那是Lucky第一次參加長距離賽事，而大家顯然都知道這點。Lucky先前的傑出成績，全都發生在短距離賽事中，而其他狗則是經常參加長距離比賽。我的九十九：一穩當賺錢機會純屬虛幻，很快就跟我的錢一起消失無蹤了。

從好的方面來看，我花費不到一分鐘的時間，就學到了珍貴的教訓。如果缺乏基本知識與瞭解，你根本就無從判斷投資機會的好與壞。所以，在你實際到股票市場搜尋隱藏的賺錢機會之前，有些基本知識是你必須要先具備的。

一些基本知識

1. 自己做功課

為什麼要自己做功課？這涉及兩個理由。第一個理由很簡單，因為你根本沒有其他選擇。如果你所尋找的對象，真的是其他人所忽略的，那麼媒體與華爾街就不會有太多相關的報導。一般的產業或企業，通常都有很多公開資訊可供運用，其中有些也確實很有用處；但有一些特別讓你覺得投資很有吸引力的特殊資料，在裡頭恐怕就很難找得到。這對你來說，應該是可以接受的，因為「愈多愈好」並不是你所秉持的信條。

另一個理由也很重要。在儘可能的範圍內，你不希望自己是因為承擔巨大風險而獲取豐厚報酬。如果只是這樣，那麼任何人都可以辦到。相反地，你希望自己獲得豐厚報酬，是因為做了功課。如果你是分析特定投資機會的少數人之一，你自然最有立場去評估風險承擔與報酬之間的關係。模糊或隱藏的投資機會，未必都具有吸引力。你應該只把「賭注」下在那些報酬遠超過風險的機會上才對。

每位投資人當然都希望擁有明確的勝算。可是，大多數人辦不到這點，因為他們甚至不知道這類特殊機會存在。你所做的功課和分析，可以讓你投資於這些具有不公平經濟報酬的機會。你所獲取的不尋常利益，並不是來自於承擔不尋常風險，而是你做了功課所取得的合理報酬。

當你掌握了這種不合理的勝算時，投資仍然有趣嗎？當然是囉！

2. 不要相信超過三十歲的人
3. 不要相信不滿三十歲的人

瞭解我的意思了嗎？如果有任何人打電話給你，想提供好的投資建議，其機率大概就跟沒買彩券卻贏得彩金一樣高。就算確實有可能發生，但機會也不大。當經紀商打電話或寫信給你時，請接受南西．雷根的建議：「說**不**就對了！」大型經紀商專業分析師預測未來盈餘或股價的紀錄，可說是慘不忍睹——如果各位相信那些專門推銷水餃股的小型經紀商更可靠一些，可以寫信給我，要求退書還錢，因為我顯然幫不了你。即使是信譽可靠的投資機構，他們的建議也未必高明。

這方面的表現為何總是差勁，其理由基本上是系統性的。絕大部分的專業分析師，他們並非直接受顧於客戶。這些專業分析師所做的研究報告和建議，主要是為了幫助經紀商賺取手續費而推廣業務之用。專業分析師有絕對的誘因建議「買進」。客戶所未擁有的股票，一定多過已經擁有的；所以，為了幫助經紀商創造手續費收入，「買進」建議的功效絕對超過「賣出」。

專業分析師還會面臨另一種職業傷害；那些嚴厲批判某家上市公司的分析師，通常都會成為該上市公司的拒絕往來戶，從此再也得不到重要資訊。上市公司的高層人員或投資公關通常更樂意接待或服務那些「態度合作的」分析師。這顯然會讓分析師的工作變得更加困難。另外，專業分析師如果得罪了上市公司，他服務的機構將來也不太可能有機會承作該公司的投資銀行業務。所以，專業分析師通常會採用比較漂亮的說法，譬如：「資金來源」、「繼續持有」或「不合時宜」等，而不會直接建議「賣出」。

除了建議偏向樂觀之外，專業分析師還要面臨其他的問題。關於企業盈餘或股票價格預測，專業分析師很難發表特立獨行的見解而全然不理會同業的看法。如果有選擇的話，絕大部分的人都寧可跟大家一起犯錯，而不願意冒險成為唯一誤判情況的人。因此，投資人不能期待專業分析師能有獨特的見解——就算偶爾有，也只能當做例外，不是常態。

另外，大多數專業分析師只是某個產業的分析師。所以，我們看到有所謂的化工產業分析師、銀行產業分析師、零售產業分析師；這些分析師往往只熟悉自己的本業，對於其他產業則相當陌生。因此，如果化工產業分析師建議「買進」某化工股票，他只是從化工產業的角度考慮，而不是由整體股票市場的角度考慮；換言之，他並沒有考慮其他五十種產業的情況。克里夫蘭市中心的某宅院，跟方圓三、五公里的其他類似建築比較起來可能很不錯，但跟比佛利山莊的豪宅比較起來，恐怕就未必如此了。

由於專業分析師的工作，是在特定產業內做評估和比較，但某些特殊事件，卻往往會超越分析師的專業領域。即使這些特殊事件──譬如：企業合併（merger）或拆分為獨立企業（spinoff）──涉及了專業分析師追蹤的企業，情況往往也是如此。對於這些正在發生重大變故的企業，很多分析師都會暫停評估或提供建議──我們可以理解這些專業分析師為何如此處理，但這對於追求獲利的股票投資人來說，未必有幫助。

專業分析師還必須面臨殘酷的經濟現實。如果相關股票或投資狀況無法創造足夠的收益（手續費或未來承銷業務方面的收益），就不值得專業經紀商聘請的分析師投入時間和精力去做研究。因此，對於成交量較少的小型股，或默默無聞的證券，以及一些特殊狀況，往往就會被忽略了。可是，很諷刺的是，這些大型經紀機構缺乏經濟動機做研究的領域，正是我們散戶投資人最有可能找到賺錢機會的領域。

即便你活在烏托邦裡，即便專業分析師提供的建議完全不會被手續費或其他因素干擾，你終究必須面對一項現實：你的經紀人（營業員）──不論可靠與否──他不會知道如何幫助你做投資。請你不要責怪他。這是系統的問題：這套系統就是沒辦法運作。

各位讀者，你是否還想要得到某個值得信賴的人提供可靠的小道消息？沒問題，我現在就偷偷跟你說（別告訴別人喲）──好萊塢跑狗場第三場賽事，下注押Lucky就對了！

4. 挑選你的戰場

藍白對抗是整個夏令營最後的高潮所在。如果各位對藍白對抗感到陌生的話，容我稍做解釋。藍白對抗是夏令營最後舉辦為期一週的賽事，所有人都必須參賽，分為兩隊：藍隊與白隊。兩隊根據年齡分組相互競爭，看哪一隊贏得最多勝利。藍白對抗的高潮賽事稱為阿帕契接力。這是藍白對抗最後進行的不分年齡層的單一大競賽。每個參賽者都必須進行某種運動或困難動作的挑戰，然後再由其他參賽者接力進行其他賽事。

所以，就如同阿帕契戰士一樣，每個人都必須參加某種競賽，或是簡單的賽跑，或是游泳，或是吃蛋糕（雙手綁在身後），或是口含湯匙而上面擺一顆雞蛋的平衡賽跑。兩隊之間的競賽，跟其他競賽不太一樣，並非取決於哪一隊比較強壯或快速，而是取決於哪一隊較幸運而擁有大衛——大衛的工作是在乒乓球桌上發出三個觸網球，好讓同隊的其他參賽者能夠緊接著進行其餘的賽事。

乒乓球的觸網球，是發球之後，球先觸網，然後落入對方桌面。整個夏天裡，大衛跟其他人完全沒有兩樣，但到了最後需要他出場時，他可以連續發出三個觸網球，在阿帕契接力賽中扮演關鍵角色，讓自己的隊伍贏得比賽。在比賽最緊張的時刻，參賽者都會幫自己隊伍加油，尤其是大衛所屬的隊伍會說，「別擔心，我們有大衛！」我不知道大衛後來怎麼了，但職業運動或奧林匹克運動會如果有乒乓球的觸網球比賽，大衛一定會跟貝比．魯斯或麥可．喬登同樣有名氣。

講了一大堆，究竟想強調什麼呢？大衛如果能夠選擇的話，他一定會設法安排乒乓球觸網球的比賽；如此一來，大衛就可以經常贏得比賽。不幸的是，人生通常不是如此。你往往沒辦法挑選戰場或賽事。可是，談到股票市場，你卻可以。

類似如華倫．巴菲特（Warren Buffett）之流的投資專家，經常提出這類的建議，譬如「每二十個投球才考慮揮棒一次」、「華爾街沒有規定好球必須揮棒」、「等待你想要的投球」。最成功的賭馬者（我猜，也就是輸得最少的人）不會每場都下注，而只會挑選他最有把握的賽事下注。股票投資的情況也一樣，你應該針對自己最有把握、懂得最多的狀況做投資，因為唯有這類狀況才能讓你最經常成功。面對一份投資清單時，如果其中是按照成功機率的順序排列各項投資機會，你沒有道理往下延伸而挑選一大堆投資，因為這只會稀釋成功的機會。如果「觸網球」只是十項全能運動的十項賽事之一，那麼大衛所具備的專長和優勢就會被稀釋，他贏得十項全能比賽的機會也很渺茫。所以，如果沒有人阻止你發觸網球，那麼你就繼續幹，直到有人把你趕走為止。

把所有的雞蛋放在同一個籃子裡，然後小心照顧，這種策略所蘊含的風險程度，有可能遠較一般人預期來得小。根據過去的經驗，假定你認為股票市場的年度投資報酬率為十%，那麼統計理論告訴我們，任何一年的投資報酬率將有三分之二機會落在負八%到正二十八%之間。運用統計學的術語來說，股票市場的年度報酬率平均數如果是十%，那麼標準差大約是十八%。所以，在常態分配的假設之下，股票市場任何一年的報酬率將有三分之二機會落在10±18%的範圍內（也就是負八%到正二十八%的三十六%範圍內）。可是，前述統計數據只適用於夠大的股票樣本數情況下；換言之，投資組合所持有的股票數量要有五十～五百種，也就是一般共同基金的持股數量。

可是，投資組合如果只持有五支股票的話，統計理論又怎麼說呢？這種情況下，年度期望報酬的區間應該會變得比較大，因為我們知道，任何一、兩支股票如果出現瘋狂的走勢，就會顯著改變最後的結果。關於前述問題，答案是：年度報酬率有三分之二機會落在負十一%到正三十一%的範圍內，而投資組合的年度期望報酬仍然是十%。投資組合如果持有八支股票，前述區間就會稍微縮小為負十%到正三十%之間。這個結果其實跟投資組合持有五百支股票沒有太大差別。由此可知，就算你的投資組合並未持有到五十支股票，所面臨的期望報酬區間也差不多一樣寬敞，但如果你相信持有幾十支股就能確保可預期的年度收益，那你應該要感到害怕才對。

股票每年提供的報酬，其變異程度雖然頗為可觀，但就長期而言（這是指二十年或三十年來說），仍然是最具吸引力的投資工具。因此，如果持有相當分散的投資組合，應該可以讓你取得相當於大盤指數的報酬。就股票投資來說，取得大盤指數的報酬已經算是不錯的了。

可是，你的目標如果是希望能顯著優於大盤指數，那就要挑選自己的戰場，每二十個投球才揮棒一次，堅持發出觸網球──或任何可以精確傳達類似含意的比喻。如果堅持嚴格的篩選準則與高度選擇性的程序，你恐怕只能持有少量的部位，但這應該不至於造成問題。你因為持有少量部位而必須接受的懲罰──年度價值波動率（volatility）稍微增加──應該遠低於長期報酬增加的程度。

把少數雞蛋完全擺在相同的一個籃子裡，關於這種策略，你是否仍然覺得不自在？如果是，那也不用灰心。我們還有其他辦法處理風險的議題，而且不至於稀釋少量投資的效益。

5. 不要買太多股票，把錢存在銀行裡

只要支付大約一千美元，保險公司就會同意一個三十五歲健康男性不幸隔年死亡可以領取一百萬美元壽險的保單。根據壽險精算表的資料顯示，這對於保險公司來說，是非常划算的一筆生意。可是，各位願意扮演保險公司的角色而接受這筆賭注嗎？或許不會。為什麼？不論統計資料如何顯示，你都禁不起一百萬美元的損失，尤其是只為了區區一千美元。反之，對於保險公司來說，它可以建構一個由數以萬計保單所構成的保險組合，其承保風險只要符合統計資料即可。所以，保險公司可以根據這些統計數據經營很賺錢的事業，但我們身為散戶投資人卻不能接受這項賭注。

所以，針對某個別風險來說，如果單獨觀察，或許非常不安全，甚至有點愚蠢，但就整個組合的立場做評估，同樣的風險卻是非常明智而值得承擔的。若是如此，如果分散風險是個好點子，我為何要一直鼓勵各位只投資幾支股票呢？

這個問題要分兩部分來回答。第一，對於個別保單，保險公司願意為了一美元賭注而承擔一千美元虧損的風險。保險公司必須在好幾年期間內，販售數以萬計的類似保單，才能讓這項賭注變成一樁賺錢的事業。很幸運的是，各位投資股票每一美元，頂多是承擔一美元虧損的風險。因此，各位可以只投資少數幾支最具潛力的股票，也不至於被認定承擔過高而瘋狂的風險。可是，有很多人卻鼓勵我們持有數量龐大的分散性投資組合；如果你只專注於少數特別精挑細選的投資機會，如何能夠採行這種分散投資的策略呢？

至於這個問題的另一部分答案，則是要注意一點：分散性股票組合並非規避風險的神奇方法，而這是我們剛開始做股票投資就應該想到的。請記住，對於一般人來說，股票投資只是他持有之整體投資組合的一部分。大多數人除了股票投資之外，銀行還有存款，還持有貨幣市場基金，擁有房子，持有債券，購買人壽保單，甚至還投資房地產或其他。我們如果不想把所有的雞蛋放在同一個籃子裡，就應該在多種資產類別上做分散投資，而不是在股票投資組合上做分散投資，後者的分散風險效益顯然較差。換言之，不要為了分散投資幾種報酬績效都不怎樣的管道，結果卻搞砸了一個原本完美的股票市場策略。

事實上，你用來投資股票的資金，如果是兩、三年後準備用來支付房租、房子分期付款、食物、醫療保險、兒女教育費用或其他生活必需品，那麼這種投資的風險就很高。記住，股票市場的每年報酬波動原本就很大，即使你持有全部九千多支股票也不能改變這個事實。請相信我，你真正需要錢時，賣股票絕對不是籌措資金的好辦法——至少對於投資而言是如此。

理想情況下，買賣股票的決策，就應該完全只以投資面來做考量。而這也就意味著，如果有額外的資金，就應該擺在銀行或其他資產上。把部分資產留在場外（換言之，不投入股票市場），應該是你對於謹慎分散投資所做的妥協。只要你願意做好該做的功課，挑選少數最佳狀況的股票進行投資，其績效就應該會顯著優於持有數十種股票的所謂分散投資或共同基金。

有時候，我們這種具有高度選擇性的策略，其績效波動的情況確實有可能會超過廣泛分散投資組合或所謂的指數型投資。可是，只要對整體資產投資組合有妥善的安排，讓你的股票投資組合能安然度過這種必然發生的艱困局面，那麼些微的績效差異也就不重要了。真正重要的是，在五年或十年的期間裡，你不僅要能同時擁有蛋糕，而且還要能安心地吃掉它。

在這段長達數年的期間裡，你將會陸陸續續投資幾十種不同的狀況（雖然同一時間只投資幾種），因此，這麼做也可以讓你取得相當優異的分散效果。

6. 向下看，而不是向上看

風險與報酬之間存在權衡取捨（trade-off）的關係，這是一種無庸置疑而深受推崇的投資法則。學術界與專業玩家大多同意，投資組合所承擔的風險愈高，所收受的報酬也就愈高。反之，投資組合所承擔的風險愈低，投資報酬也就愈低。總之，天下沒有白吃的午餐。這是一種非常根本的概念，因此也是學術界和專業領域對於投資策略形成的根本基礎。

如果我們的討論僅及於此，那麼各位只要選定想承擔的風險水準，然後收取該有的目標水準報酬即可。在一個具備完美效率的世界裡，風險與報酬之間應該始終保持這種關係。可是，由於各位要尋找的是少數訂價缺乏效率的機會（換言之，明顯不符合常規而分析師或投資人無法正確訂價的股票或投資狀況），這種類型的風險—報酬關係，顯然不適用於此。

可是，這並不代表風險—報酬概念就跟你無關。事實上剛好相反。這很可能是最重要的投資概念。至少當我們分析個別股票的風險時，大多數專業玩家與學術界人士都弄錯了，因為他們是透過一種錯誤而令人迷惑的方式，衡量風險—報酬關係的風險部分。

根據一般的觀念，風險可被定義為：為了賺取報酬而必須承受的波動。學術界通常藉由貝他值（beta）——個別股票相較於整體市場之價格波動率（換言之，整體市場價格波動一單位所造成的個別股票價格波動程度）——來衡量股票風險。一般的貝他值計算，是採用過去的價格波動率資料，然後向未來做插補。從這個理論來看，向上的價格波動與向下的價格波動是沒有區別的；然而在這個亂七八糟的世界裡，實際情況卻總是讓人迷惑：股票價格在未來一年內上漲的可能性，顯著超過同一期間內稍微下跌的情況，前者的風險程度顯然高於後者。

另外，運用過去的價格走勢（或價格波動率）做為衡量特定股票風險程度的基礎，經常也會導致錯誤的結論。在相同期間內，某股票價格從三十跌到十，其風險程度顯然超過另一支價格從十二下跌到十的股票。雖然兩者目前的價格都是十美元，但過去價格跌得比較深者，也就是目前折價較大者（相較於過去的最高價），將被視為是目前風險較高者。情況或許真是如此，但是不是也有可能，股價的下跌風險已經被過去的重大跌勢實現了呢？總之，我們實在無法僅憑過去的價格走勢，就試圖得出一些有意義的推論。

事實上，過去的價格波動率資料，不只不能有效反映未來的獲利能力，它甚至無法顯示出另一種更重要的東西：你未來有可能會發生多少損失。容我重複強調：它並不能顯示出你將來可能會發生多少損失。若談到風險，這不正是大多數人心中最想知道的嗎？而所謂的投資，其實也不過就是將投資的損失風險，拿來與潛在獲利相比較而已。

關於某特定股票，若想要衡量其潛在獲利或風險，在方法上或許有可能會太過於主觀，所以基於方便起見，專業者與學術界便採用價格波動率之類的觀念來替代或取代風險。姑且不論其他人為何也跟著這麼做，總之各位仍然有必要透過某種衡量方式，藉以量化股票的上漲和下跌潛能。雖然這是很困難而不精準的工作，但我們或許也可以找到別的代用品。

若想要克服這項挑戰，我們不妨再次回頭思考一下我親家們的作法。當他們發現某標價五千美元的畫作時，如果相同畫家最近曾經以一萬美元價格拍賣類似畫作，他們就會購買該畫作。拍賣價格與購買價格之間的差額緩衝五千美元，也就是被公認為證券投資之父班哲明．葛拉罕（Benjamin Graham）所謂的「安全餘裕」（margin of safety）。我親家們的感覺如果是正確的，由於安全餘裕很大，因此他們購買該畫作，應該不太可能發生損失。反之，如果他們的感覺不正確——他們所購買之畫作的品質或許不能跟先前拍賣畫作相提並論，或者先前拍賣價格一萬美元可能只是偶發的異常現象，甚至整個藝術品市場在先前拍賣與目前購買之間的行情發生了崩盤——他們的購買可能就會發生損失，但其損失的程度，也可能因為有了安全餘裕而變得很有限。

所以，如果想創造具有吸引力的風險—報酬狀況，方法之一就是藉由顯著的安全餘裕來侷限投資狀況的下檔風險。至於上檔獲利潛能，雖然還是不容易量化，但獲利通常會自己照顧自己。換言之，當我們擬定最初的投資決策時，應該向下看，而不是向上看。投資只要不發生虧損，那麼其他可能的結果，大概也都會是好事。這種概念雖然很簡單，不過很難設計某種複雜的數學公式來彰顯其論點。即使如此，這個概念錯誤的風險也不大就是了。

7. 通往投資天堂的道路不只一條

如果想要在股票市場賺大錢，方法有很多種。同樣地，試圖這麼做的人也很多。可是，只有少數人真正獲得成功。如同《虎豹小霸王》電影說的，「這些傢伙是誰？他們是怎麼辦到的？」

有位真正成功的投資人，前文已經提過，他的方法非常值得我們好好研究。班哲明．葛拉罕透過其教誨與著作影響了很多投資人。「安全餘裕」的概念，可能是他對於投資專業領域所做的最大貢獻。葛拉罕通常都採用客觀衡量，譬如：股票帳面價值（企業財務報表上顯示的公司淨值）、本益比（P/E ratio）等，協助衡量公司的真實價值。他建議，唯有當價格顯著低於價值時，才應該購買股票。

葛拉罕認為，投資人應該把買賣股票看成是跟「市場先生」做生意，而且股票價格應該被視為購買整個企業之某個百分率所有權的成本。市場先生有時候心情很好，願意高價向你購買股票，另一些時候則很害怕而提供明顯不合理的偏低價格。唯有在這類極端狀況下，投資人才應該跟市場先生做生意。至於其他時候，就如同葛拉罕所建議的，最好忘了市場先生的存在，投資人應該專心留意企業的營運與基本面狀況。

長久以來，有一小群人秉持著葛拉罕所謂的「安全餘裕」和「市場先生」的概念，他們在投資領域獲取了非凡的成功，其成就應該不只是單純的巧合。甚至在企業價值評估的領域裡，有些人成功地擴充或延伸葛拉罕的方法，而葛拉罕所倡導的原始概念也持續獲得驗證。最近的研究報告（譬如：Lakonisok、Scleifer與Vishny等人發表於一九九四年《財務雜誌》[Journal of Finance]的文章）顯示，相較於帳面價值與盈餘，運用偏低價格購買股票，將呈現長期優異的投資績效。

根據這些研究資料顯示，葛拉罕所主張的價值型投資方法，績效明顯優於某些其他方法，包括：買進熱門股、購買所謂的指數型基金，或由專業經理人管理投資。創造這種投資績效，並不需要承擔更高的價格波動率（相較於其他方法）——這點明顯違背了效率市場理論——而且同時適用於大型股與小型股。

關於這種現象的解釋，可能是因為個人投資者與專業玩家總是高估那些最近表現理想之股票的長期潛能，同時低估了那些當時表現不彰或較冷門股票的價值。藉由帳面價值或歷史盈餘等客觀衡量方式來決定股票的價值，可以協助排除某些強調未來表現之價值評估方法所蘊含的情緒性或機構性偏頗。葛拉罕所倡導的投資方法，雖然文獻資料完備，而且經過廣泛的研究，卻仍然能夠讓其信徒繼續創造優異的績效。

華倫．巴菲特是葛拉罕最忠實、也是最著名的信徒，他除了繼續倡導安全餘裕與市場先生等價值型投資觀點之外，也成功提出他自己對於何謂投資之價值的看法。巴菲特發現，投資基本面條件好的企業，而不是投資某些純粹根據統計衡量而認為價格便宜的股票，將更能有助於提升投資報酬。這種看似理所當然、根本不值得大張旗鼓倡導的投資觀點，卻很有可能就是巴菲特之所以能夠成為葛拉罕最成功信徒與全世界最偉大投資人的根本原因。

巴菲特試圖把投資的焦點，擺在某些具備明顯經濟特權、品牌與利基市場而管理完善的企業。另外，他只投資他徹底瞭解，而且具備根本經濟功能（譬如：能夠創造大量現金）、深具競爭優勢的企業。巴菲特就是透過這種方式，才能夠以低於目前價值的偏低價格購買企業，並受惠於這些投資未來的增值潛能。這種額外的低價優勢，可說是比葛拉罕靠統計優勢所得到的低價投資做法更進一步。事實上，根據巴菲特的說法，當初購買價格所呈現的低價，也有可能蘊含著買進不良企業的風險，而唯有當某些催化事件發生時，才能排除掉購買時的風險。

彼得．林區（Pete Lynch）可能是全世界最偉大的共同基金經理人，他提倡另一種成功的股票投資方法。一九七七年到一九九〇年期間，林區負責管理富達麥哲倫基金（Fidelity Magellan Fund），這段期間裡，他讓每一美元投資成長為二十八美元。通過他的著作、專欄和訪問，林區經常強調他堅持的信念：一般投資人只要深入研究他們真正瞭解的企業和產業，投資績效就能勝過專業人士。林區認為，不論是逛購物中心、超級市場或甚至遊樂園，到處都蘊藏著投資機會。他相信，只要做適度的研究和調查——在一般投資人能夠辦到的範圍內——日常生活的一些想法和經驗就可以讓投資人建構出優異的股票投資組合。

比爾史東大媽（Beardstown Ladies）或許沒辦法跟彼得．林區相提並論——林區出版他的第一本著作時，管理的資產規模高達一百四十億美元，而比爾史東大媽一開始只管理九萬美元——不過他們也曾經創造出令人稱頌的投資績效。他們的秘密武器是《價值線》（Value Line）。《價值線投資調查》（Value Line Investment Survey）是份週刊，針對最大型的一千七百多家上市公司提供廣泛的基本面統計資料。每個星期，《價值線》都會根據「適時性」與「安全性」提供相關股票的排名順序。一般來說，過去三十多年來，凡是《價值線》認定適時性最高的股票（五級評等的第一或第二級），其表現都明顯優於大盤指數。《價值線》運用一些特殊的公式來計算這種排名順序，考量因素包括：股票盈餘、價格動能、盈餘利多與利空意外消息，以及某些基本面條件。這套評估系統原本也包含《價值線》研究分析師的投資看法，但這部分內容很早就被排除了，因為績效反而因此變差。

這或許可以解釋比爾史東大媽們哪裡出了差錯。除了根據《價值線》所提供的排序清單之外，大媽們還運用了一些其他資料。他們所採用的額外資料，顯然是促使其績效表現明顯優於《價值線》評估系統與大盤指數的理由。這些大媽們在其著述裡表示，他們的操作還加入很多獨門秘方。我們不清楚這些獨門秘方的效果。可是，《價值線》的績效紀錄仍然是無庸置疑的。

所以，顯然還有很多其他有效的投資方法，我們現在想要提出的問題是：相較於前文談到的方法，我們所推薦篩選潛力股的技巧，其表現如何呢？

讀者提出這個問題，雖然不無道理，但也有可能會造成誤導。我們想在某些不尋常的場所尋找投資機會，並不代表我們就不能或不該採用葛拉罕、巴菲特或林區等人的智慧結晶。當然，當各位在股票市場某個遙遠而冷僻的場所找到某個有趣的投資機會時，但願你的分析方法不必太過複雜。唉！這雖然是個值得嘗試而未必完全不切合實際的目標，但人生通常都不會如此簡單。

當我們碰到棘手的投資決策時，如果能夠運用大師們的教誨，起碼應該能提供一些幫助。以我們的投資方法來說，如何挑選投資領域，可能就是影響成功的最關鍵因素；就這方面而言，如果能夠參考這些偉大投資者的啟示，或許可以協助我們找到正確的場所。

賺錢的神秘場所

那些神秘的場所，究竟該到哪裡去尋找呢？別擔心。你不用到愛河底下去挖掘，也不用去窺探蘇俄的軍事基地。情況並非如此。實際上，股票市場賺錢的機會，有可能藏在任何地方，而且經常在變動。事實上，各種投資狀況的根本主題也經常在變動。有時候某些正常生意運作所衍生出來的事件，就會創造出一些投資的機會。這些有可能讓你賺大錢的企業事件，包括：拆分為獨立企業、公司合併、公司重整、分派認購權證、破產、清算、資產拍賣、配股等。請注意，不只這些事件本身有可能創造獲利；其他一些因這類事件而發行的證券，往往也具有不同凡響的投資潛能。

真正漂亮的是，隨時都有這類的事件正在發生。每個星期都有可能發生幾十樁這類的公司事件，多到超出任何人的處理能力範圍之外。可是，這正是關鍵所在：你不可能追蹤每個機會，而你也不必這麼做。即使每個月只找到一個好機會，那也夠符合你的需求了。閱讀本書的過程中，你會看到很多案例，心中可能會產生疑惑：「我怎麼可能發現這個？」或「我絕對想不到那個！」情況或許真是如此，但一定也有很多是你可以發現、可以想到的。而且就算你學會到哪裡去尋找這些機會，或許也只能掌握到其中十分之一的案例。但如果你能好好利用這些機會，或許就能創造出難以想像的財富。有句諺語不是這麼說的嗎：「給人一條魚，還不如⋯⋯」

其他的致富之道又如何呢？華倫．巴菲特或彼得．林區的投資方法沒有什麼問題。問題是你不太可能成為下一個華倫．巴菲特或彼得．林區。按照很便宜的價格投資某家好企業，這種構想絕對正確，問題是到哪裡去找到這種機會。獨佔報紙或廣播公司過去曾經被視為是這類的理想機會，但隨著時代變遷，這些事業的魅力已經有點褪色了。目前的世界變得更複雜，競爭更劇烈，而且將來還會變得更嚴重。關於如何挑選好企業，各位將來所必須面臨的挑戰，嚴苛程度將更超過巴菲特的時代。你有辦法接受這樣的挑戰嗎？你真想這麼幹嗎？

找到下一個沃爾瑪、麥當勞或Gap，恐怕也不容易。失敗的次數將會遠超過成功。你絕對應該運用自己的經驗和直覺，來挑選理想的投資機會。這種態度適用於你所打算進行的每項投資。你應該只投資那些你知道和瞭解的事業。彼得．林區或許在這方面具備特殊的才華，而他所知道和瞭解的，或許超過我們一般人。

另一方面，班哲明．葛拉罕所倡導的統計方法，完全是針對個人投資者而設計的。一個分散性的投資組合，持有本益比、價格／帳面價值比率偏低的股票，確實仍然可以創造出優異的績效，而且相當容易模仿。根據葛拉罕的想法，你如果持有二十、三十支這類統計衡量上便宜的股票，就沒有必要做廣泛的研究。我最初之所以對股票市場產生興趣，主要就是因為閱讀研究了葛拉罕的著述。即便是現在，只要在允許範圍內，我仍然會引用他的教誨。可是，如果各位願意做些功課，挑選自己擅長的領域，尋找一些別人不想去尋找的東西，你的成功機會就會顯著超過葛拉罕的被動方法。

最近的發展，讓各位做這方面的研究時更方便了。在葛拉罕的時代，這類資訊往往不存在，或即便存在，你也必須透過層層關卡，才能在很隱密的地方找到這些檔案；現在，這類資訊已經隨手可得了。就在不久之前，上市公司雖然必須向證管會申報這些資料，但一般人還是沒辦法直接取得。你如果想取得這些有關企業特殊變動或事件的資訊，就必須向專門機構購買，每份文件可能是兩百美元或三百美元。但是現在，這類資料已經完全開放，你可以透過網路取得，價格只相當於一通電話。當然，你還是要花時間閱讀。

投資這類特殊狀況股票，是否有什麼缺點呢？這可以從兩方面來看。第一，這種做法需要多花點工夫。好消息是你可以因此得到豐厚的報償。至於另一個缺點，就是這些特殊事件其中有些可能要花費好幾年的時間才能完成，有些則只需要幾個月的時間。你的投資利益，通常是發生在這些企業事件進行之前、之中或結束後不久。機會有可能稍縱即逝，部位持有期間也可能很短。有很多人希望藉由長期資本利得（持有期間超過一年以上的投資）而享有稅金優惠，另外也有些人可能希望不出售獲利證券而遞延稅金；對這些人來說，相較於巴菲特、林區和葛拉罕所倡導的長期投資，短期投資反而居於不利地位。很幸運的是，如果想要規避這方面的問題，可以挑選那些需要花費幾年工夫才能完成的機會，也可以透過退休基金、IRA或其他退休帳戶進行投資（合格的退休帳戶通常不必考慮稅金問題）。

還有一點值得一提。一般人總希望能在群眾之中取暖，但成功投資者通常不會這麼想。話雖如此，但利用特殊狀況或事件的投資方式，還算不上是什麼離經叛道的做法，像巴菲特、林區或葛拉罕這些偉大的投資者，也全都曾經介入過這個領域。只不過，葛拉罕主要關心的是如何傳授個人投資者適用的方法；他認為，運用統計上便宜的股票建構分散性投資組合，這種方法更適用於絕大多數投資人。至於巴菲特和林區，由於他們管理的是龐大的資產，因此通常沒辦法在這些特殊狀況股票上建構足夠龐大的部位。雖然如此，但對於一般投資人來說，在你賺進數千萬美金之前，應該還不需要去考慮投資規模的問題（等你到達那種程度時，再打電話給我吧）。

所以，各位請捲起袖子，為腦袋插上電——準備進入股票市場最瘋狂的領域吧！接下來你將前往人跡罕至的蠻荒之地。當各位踏上這塊領地，發現埋藏該處的秘密之後，就能感受到踏上珠穆朗瑪峰、插旗北極或漫步月球的榮耀（好吧，或許比較像是解開字謎的感受。雖然那些事我也不曾辦到，但我相信那種感覺一定很棒）。總之，讓我們出發吧！

第三章

拆分老股票——拆分、部分拆分、現金增資

我跟人打賭輸了。賭注是Lutèce餐廳的一頓晚餐，輸家作東。當時我還只是個單身漢，對我來說，只要在貝果上擺一塊乳酪（這是我自己發明的食譜）就已經算是很豐盛的一餐了。所以，當時我就在這家或許是全世界最棒、而且鐵定是紐約最棒的餐廳，看著菜單發楞。我身旁邊站著一位全身大廚打扮的紳士，協助我點菜。不知道什麼緣故，他的打扮讓我完全沒想到，其實他就是餐廳老闆兼主廚安德雷．索特納本人。

我指著菜單上的某道開胃小菜，很無辜地問，「這好吃嗎？」

「不，爛透了！」索特納回答。

他顯然是開玩笑的，但我沒反應過來。菜單上的所有菜色，想必都很不錯。其實當時選擇了Lutèce餐廳，最重要的決策就已經完成了，至於眼前這份菜單，則只是微調而已。

各位閱讀後續章節時，請記住這個概念。能夠在別人想不到的地方找到投資機會，感覺很棒，但這還不夠。你必須先找到正確的場所才行。如果預先選定的投資場所，能夠讓你打從一開始就居於領先地位（就像是投資世界的Lutèce餐廳），那麼最重要的工作便已經完成了。剩下的雖然還有很多決策有待擬定，但手頭上的菜單本身如果很棒，不論如何挑選，結果都不太可能會造成消化不良。

拆分為獨立公司

我們即將造訪的第一個投資領域，是個非常不容易引起食慾的對象。這是企業打算拋棄的東西，通常稱為「拆分」（spinoff）。拆分有許多不同的形式，但最後的結果大致都相同。一家公司要把某附屬機構、部門或營運單位從母公司分割出去，使其成為獨立的新公司。大多數情況下，拆分之獨立公司的股份會分配或賣給母公司的原始股東。

一家公司之所以決定要把原屬於母公司的組織拆分為獨立機構，涉及的理由往往很多。可是，當這種情況發生時，真正值得注意的理由只有一個：針對拆分事件進行投資，通常都能賺進大把鈔票。我們有充分的證據，顯示確實是如此。拆分的新公司股票，甚至包括母公司的股票在內，其表現通常都明顯優於整體股票市場。

賓州州立大學的一項研究報告顯示，截至一九八八年為止的二十五年期間裡，拆分企業成為獨立公司的最初三年裡，股票的年度表現較同業或標準普爾五百股價指數超出十％❶。母公司股票的表現也相對優異——在進行拆分的最初三年期間裡，每年的表現較同業超

❶ 請參考 Patrick J. Cusatis, James A. Miles, and J. Randall Woolridge, "Restructuring Through Spinoffs," Journal of Financial Economics 33 (1993).

譯按：原文為（Note: There are three kinds of people — those who can count and those who can't.）

出六%。其他研究報告也顯示出類似的結論。

對於各位來說，這樣的結果代表什麼意義呢？假定我們相信股票市場長期而言，每年能夠提供大約十%的報酬，那麼表現優於大盤十%，也就意味著每年可以創造二十%的報酬。這些研究資料反映的過去經驗，如果能夠重複發生於將來，那麼我們只要買進拆分公司的股票，就可以大有斬獲。換句話說，不需任何特殊技巧或工具，就能賺取二十%的年度報酬。

可是，如果我們還願意多花點工夫做功課呢？挑選潛力最好的拆分機會——而不是隨意買進任何拆分股票——年度報酬想必會顯著超過二十%，這是相當了不起的成就。不妨想想華倫．巴菲特的情況，他的績效也不過是每年二十八%（雖然期間長達四十年）。只要專注於拆分投資機會，我們所創造的績效，就足以媲美華倫．巴菲特之流的最偉大投資專家。真是如此嗎？

不會吧？你心中琢磨著。這其中顯然有些問題。首先，誰能保證拆分股票過去的表現，將來還會繼續發生呢？其次，如果大家都知道拆分能夠創造優異績效，那麼拆分股票的價格不就會上漲而抵消所有的異常報酬嗎？最後——關於報酬更超過二十%的部分——我們憑什麼知道哪些拆分機會具備更大的上漲潛能呢？

喔！要有點信心。拆分股票的表現當然會繼續優於大盤指數——沒錯，即使大家都知道這方面的紀錄也一樣。至於你怎麼知道如何挑選大贏家——這個問題更容易回答——因為我會告訴各位應該怎麼做。現在，就讓我們來談談相關的理由與做法，首先從基本知識開始。

企業為什麼會想要拆分既有部門呢？一般來說，企業之所以這麼做，理由都很單純：

- 透過拆分交易而讓不相關的業務獨立，使新獨立企業能夠增值。舉例來說，跨足保險和鋼鐵的綜合企業，可以拆分這兩部分事業，讓股東可以決定投資哪個事業。

  當然，在拆分之前，某些只想要投資保險業的股東，還是有可能願意持有綜合企業的股票，但他們很可能只願意在折價的狀況下投資（因為他們必須「被迫」同時購買不想投資的鋼鐵事業）。

- 有時候，母公司想把「不良」事業獨立出來，藉以釋放「優良」事業。這種做法（譬如將前述具有兩個不相關事業的母公司進行拆分）對於管理者而言也是件好事。「不良」事業有可能會浪費管理者的時間和精力。成為獨立企業之後，便可以由兩個管理單位負責，效率可能因此提升。

- 有些企業部門不容易出售，拆分為獨立機構對於股東有利。有些部門的事業實在太差，母公司沒辦法按照合理價格找到買家，如果拆分可以處理掉這部分事業，甚至還可以撈些好處，母公司當然願意拆分（增添母公司的價值）。

  另一方面，相關事業如果真的太差，也可以透過拆分而從母公司那邊獲得一些額外的資源，然後設法獨立生存下去，而母公司只要付出一些代價，就可以擺脫包袱。

- 可能是基於稅金考量而進行拆分，而不是直接出售部門。所要處理的部門，其稅金負擔如果很有限，拆分的做法對於股東的利益來說可能是最大的。如果符合稅務規定，拆分可以被歸類為免稅交易，對於母公司與個別股東來說，都不用因為拆分而承擔稅金。

  反之，如果直接出售部門或附屬機構，母公司獲得的價款通常必須繳納利得稅，股東所取得的股利也必須繳稅。

- 拆分或許可以解決策略性、反獨佔或法規議題，以便於進行其他交易，或達成其他目的。

企業購併案裡，購併者有可能會基於法律規定或本身意願，而無法取得標的公司的某個部門。在這種情況下，透過拆分的安排，往往就可以解決問題。

在某些情況下，銀行或保險方面的附屬機構，有可能會讓母公司受到某種法律規範的限制。為了解除這些限制，拆分的安排或許可以解決問題。

這份清單當然可以繼續往下延伸。可是，很有趣的是，不論拆分交易最初的動機如何，新成立的獨立企業通常都會有優於整體市場的表現。為什麼會如此？這種情況為何會持續存在？

各位非常幸運，因為拆分所創造的額外利益，乃蘊含於系統本身。拆分程序本身就是一種缺乏效率的分配方式，因為股票經常被分配給不恰當的股東。一般來說，新拆分股票並非透過買賣方式分配，而是大部分直接分配給母公司的股東。所以，母公司股東取得拆分股票之後，通常都會立即賣出，甚至不太考慮價格或根本價值。

最初的超額供給現象，當然會直接壓縮拆分股票的價格。那些原本應該非常精明的機構投資人，這個時候也可能會站在賣方。一般來說，拆分企業的規模都會小於母公司，甚至只有母公司的十％或二十％。退休基金或共同基金即使分析了拆分公司的股票，恐怕也會因為企業規模的理由而不能持有相關股票。許多機構投資人都只能持有資本市值達到某種規模的股票。

很多基金根據規定，只能持有標準普爾五百指數的成份股。所以，如果某標準普爾五百指數成份股進行拆分，我們可以確定的是，新拆分股票將面臨龐大的賣壓。這種現象看起來是否有點愚蠢？或許吧。是否可以理解？大概吧！這是否代表各位撿便宜貨的機會？毫無疑問。

拆分股票之所以表現特別優異，另一個理由在於資本主義；資本主義雖然存在種種瑕疵，但也確實能夠有效運作。當某事業與其管理團隊脫離原本母公司的控制之後，經常會釋放出可觀的創業力量。義務、責任與更直接的誘因，將發揮其本能。經過拆分之後，不論是拆分公司或母公司分派的股票選擇權，都會更直接獎勵個別企業的管理團隊。不管是拆分企業還是母公司，都能受惠於這種獎勵制度。

賓州州立大學的研究報告顯示，拆分股票價格上漲最顯著的期間，並非拆分的第一年，而是發生在第二年。這有可能是因為拆分股票最初的賣壓，需要花費一整年的時間才能被慢慢消化，所以第二年才會出現最佳的表現。可是，更有可能的理由，是拆分程序所造成的企業變革與措施，需要經過一年的時間醞釀，才能逐漸發揮功能，而且慢慢得到市場認同。姑且不論第二年表現特別優異的理由究竟何在，結果都顯示拆分事件有充分的時間，可供各位做研究或擬定策略。

關於拆分程序為何會讓拆分企業與母公司都受惠，讓我們再做最後思考：大多數情況下，如果我們去檢視拆分行為的動機，通常都會發現企業管理當局與董事會總試圖提升股東價值。當然，這原本就是他們的工作與責任；就理論上來說，管理團隊與董事會的任何決策，都應該以股東權益為考量。理論上雖然是如此，但實際上卻未必按照這種方式進行。

或許基於人性、美國精神或自然律的緣故，大多數企業管理團隊或董事會都會習慣擴充其經營王國、勢力或影響範圍，而不會故意收縮或減少。這或許可以解釋為何會有如此多的購併案或合併案，而且會有如此多的失敗案例（尤其是跨足到企業核心經營範圍之外時）。這或許也可以說明為何有那麼多企業（最顯著的案例包括航空公司與零售業者）會持續尋求擴張，但實際上更務實的做法，應該是把現金退還給股東才對。企業合併與擴張的動機，有時或許會令人混淆，但拆分公司的動機顯然清楚得多。公司資產之所以願意被分割，公司老闆之所以願意縮減影響力，一切都是因為股東權益在拆分之後有可能會增加的緣故。

非常諷刺的是，失敗的購併案最終往往要透過拆分程序脫困。但願這些企業之所以選擇拆分，都是因為企業重新重視紀律與股東權益的緣故。總之，如果我們的策略是針對拆分企業或其母公司股票進行投資，我們所選擇的很有可能就是一些重視股東權益的公司。

挑選最好的標的

一旦認定拆分事件是股票市場獲利的最佳獵場之一，接著就是要弄清楚如何儘可能掌握這方面的優勢？有哪些條件和要素可供參考，藉以判斷哪個拆分事件的績效會特別理想？我們應該尋找什麼樣的標的？這些標的具有什麼樣的特質？

想要挑選出真正的贏家，並不需要什麼神奇的公式或數學模型。你所需要的也就只是邏輯推理、普通常識和一些經驗。這聽起來似乎有點陳腔濫調，但事實就是如此。大多數的專業投資人根本不理會個別拆分事件。這一方面是因為他們有太多股票需要照顧，另一方面則是因為他們不想理會這類芝麻綠豆的小事，或者是因為他們不想沾惹特殊企業事件。所以，我們只要針對每個拆分機會做些研究，就可以讓自己擁有顯著的優勢。

難以置信？讓我們看看一些案例，各位就明白我的意思了。

※ 個案研究

萬豪主公司／萬豪國際

Host Marriott／Marriott International

一九八〇年代，萬豪集團（Marriott Corporation）積極擴張其經營的酒店王國。可是，他們的核心企業，並不是擁有這些酒店，而是管理別人所擁有的酒店而收取管理費。他們所採行的策略，基本上非常成功：興建並出售酒店，然後與這些酒店簽約，負責酒店的管理。一九九〇年代，當美國房地產市場遭遇大麻煩時，萬豪手頭上握有為數眾多賣不掉的酒店，並因此背負嚴重的負債。

這個時候，財務重整專家史蒂芬．波倫巴哈（Stephen Bollenbach）出現了，他提出了很好的點子。當時，波倫巴哈剛協助唐納．川普（Donald Trump）重整其賭博事業，隨後則成為萬豪的財務長（目前是希爾頓酒店的執行長），他幫萬豪找出一條路子。萬豪發行的公司債契約允許（或者應該說「沒有禁止」）萬豪把賺錢的酒店管理業務拆分為獨立企業，這個獨立企業雖然可以創造可觀的收益流量，不過並未擁有實際資產。根據波倫巴哈的構想，他們可以把所有賣不掉的酒店資產，還有成長緩慢的業務，再加上公司的所有負債都綁在一起，成為萬豪主公司（Host Marriott），並且把賺錢而基本上沒有負債的管理業務，拆分為另一家公司，叫做萬豪國際（Marriott International）。

根據計畫，波倫巴哈將成為萬豪主公司的新執行長。另外，萬豪國際（也就是「優質的」萬豪）則提供六億美元的信用額度給萬豪主公司，協助其資金調度需求，並讓萬豪家族得以繼續擁有整體萬豪企業的二十五％股權（包括萬豪主公司與萬豪國際在內）。這筆拆分交易預定在一九九三年完成。

記住，關於這部分內容，你根本不需做深入研究。當萬豪在一九九二年十月宣布其拆分計畫時，《華爾街日報》（還有很多其他報紙）都做了詳細的背景資料報導。我只閱讀了報紙上的這些基本報導，就覺得非常興奮。我發現，某個絕佳的酒店管理事業，最終將擺脫數十億的負債和難以脫手的房地產。當然，這筆交易將創造出一家嶄新的獲利企業萬豪國際，但也會因此產生「有毒廢棄物」萬豪主公司，後者將保有沒人想要的房地產，還有數十億的負債。

顯而易見，我最感興趣的是——那個「有毒廢棄物」。「誰會想要這玩意兒？」這就是我當時腦海裡思考的問題。經過拆分之後，沒有任何機構、個人會想擁有萬豪主公司。這家公司的股票賣壓想必沈重無比。我可能是唯一想要趁此機會撿便宜貨的人。

如今，你所認識的每個投資人，都會說這就是反向操作的做法，也就是說，要跟群眾或傳統智慧對著幹。根據定義，如果是「大家」，顯然就不可能是「反向操作者」。而我，則是個反向操作者。這並不代表我會跳到疾駛而來的大卡車前面，只因為群眾裡沒有人願意這麼幹，而是說，即使群眾另有想法，我也會按照自己的看法做事情。

經過拆分之後，大家都會拋售萬豪主公司的股票。這個行為本身，並不足以證明這就是理想的反向操作買進對象。群眾的看法畢竟也可能是對的。萬豪主公司確實很有可能就像其表面上看起來的樣子：彷彿一輛疾駛而來的大卡車，裡頭裝著一大堆賣不掉的房地產，以及無數的債務。但除了表面上看起來非常可怕之外，另外也有些事情讓我願意、甚至有點興奮地想進一步去做研究。

事實上，如果你想尋找理想的拆分投資機會的話，萬豪主公司的某些性質確實值得研究。

1. 機構投資人不想要（他們的理由與投資考量無關）

機構投資組合經理人與退休基金之所以不希望擁有萬豪主公司股票，理由有好幾種。前文已經談過鉅額負債與房地產的問題。這些與投資考量相關的理由，確實非常充分，完全站得住腳。可是，自從一九九二年十月宣布這筆交易之後，幾乎就再也沒有任何關於萬寶母公司的進一步資訊。所以，在當時那個初期的階段，究竟還有什麼根據可以做成投資判斷的呢？

根據報紙最初的報導，萬豪主公司的情況看起來確實很糟，大多數機構投資人根本懶得花工夫去研究這支新股票。我相信在拆分交易完成之前（估計大概要九個月時間），還會有進一步資訊公佈，而我簡直是迫不及待想去閱讀這些資料，第一點是想知道萬豪主公司是否真的像表面上看起來那麼爛，第二點則是因為沒有其他人想去研究。

機構投資人對於萬豪主公司不太熱衷的另一個理由，是其規模的問題。同樣地，這也不完全與投資考量有關。根據最初報導引用的分析家看法，萬豪主公司要分配給股東的價值，大約只佔整體事業的十～十五%，其餘部分則屬於「優質」事業，也就是萬豪國際。一家信用高度擴張（負債龐大）的股票，其總市值只佔萬豪集團二十億美元的一小部分，那恐怕很難吸引到萬豪原始股東的青睞。

另外，萬豪主公司所屬的行業，想必也不是這些機構法人當初投資萬豪所打算介入的行業。萬豪主公司將擁有酒店房地產；而吸引萬豪股東的事業則是酒店管理。擁有商業房地產和酒店，雖然也可以是樁好生意，但萬豪集團的股東們大多另有想法，大概也會出脫他們的富豪母公司持股。如果單純基於這種理由賣出股票，顯然跟投資考量沒有絕對關係，因此有可能會造成買進的機會。

（附註：萬豪案例的情況相當特別。至少從純粹技術面來看，所謂的拆分企業，實際上應該是萬豪國際，雖然該企業占整個集團總價值的大部分。在此為了說明方便起見，我們撇開純技術層面不談，把萬豪主公司視為拆分企業，該部分只佔萬豪企業原始市值的十～十五%。）

2. 內線人士想要擁有。

關於拆分機會的選擇與評估，內線參與情況是個很重要的考量──對於我來說，也是最重要的考量。相較於其他股東，拆分企業管理階層所獲得的獎勵是否相同？他們是否會收到大量股票、優先股或股票選擇權做為報酬？他們是否有計畫取得更多的股票？當拆分交易申報了所有的法定文件和檔案之後，我通常都會先去檢視這個部分。

關於萬豪主公司，有些媒體的報導吸引了我的注意。史蒂芬．波倫巴哈是整個計畫的設計者，之後他也將成為萬豪主公司的執行長。當然，正如同媒體所報導的，他才剛協助過唐納．川普，讓他的酒店和賭博王國起死回生。從這個角度來看，他似乎是擔任這份工作的最佳人選。可是，有件事一直困擾著我：一位剛成功救起一艘沈船的人，當初他是想儘辦法把所有造成大麻煩的房地產和負債都拋到大海裡，為什麼現在他卻願意從被救起的船上，跳到正在下沈的救生艇萬豪主公司。

「幹得好，波倫巴哈！」這段故事肯定還有後續發展。「我想，你確實救了我們大家！不過，你甩掉了房地產和龐大債務之後，怎麼把自己也給甩了呢！嗶！嗶！現在你如果願意的話，就請好好運用那艘載浮載沈的救生艇吧。加油！」

情況確實有可能如此發展。可是，我認為，更有可能的情況是，萬豪主公司未必是全然沒指望的沈船，波倫巴哈可能有強烈的動機，讓這家新公司能成功營運。當證管會的文件申報完備之後，我就會去查證他所取得的報酬條件。他取得的股票數量愈多愈好。另外，拆分之後，萬豪家族仍然持有萬豪主公司的二十五％股權。雖然這筆交易的主要動機，是要讓萬豪國際免於受到房地產和負債的拖累，但在拆分交易完成之後，萬豪家族仍然有理由希望萬豪主公司營運昌隆。

3. 拆分交易創造或暴露的隱藏投資機會

這可能意味著這筆拆分交易將揭露一家大好企業，或一支統計上便宜的股票。就萬豪主公司來說，我還察覺到另一種不同的機會：非比尋常的財務槓桿。

如果媒體最初引用的分析師評論正確的話，萬豪主公司股票交易價格可能介於每股三～五美元之間，但這家新公司的每股負債可能介於二十～二十五美元之間。為了我們的分析方便起見，假定萬豪主公司的淨資產價值為每股五美元，而每股負債為二十五美元。在這種情況下，萬豪主公司的每股資產價值就大約是三十美元。所以，萬豪主公司的資產如果增值十五％，股價可能就會翻一倍（15％×30=4.50）。如果情況真是如此，那就太棒了。可是，如果萬豪主公司的資產減少十五％呢？那就別提了吧。

可是，我很懷疑萬豪主公司重整的目的，是要讓它消失——我認為至少不會馬上如此。

我瞭解，萬豪主公司的新股東們大有理由儘快在市場上拋售這些有毒廢棄物。可是，由於牽扯到很多負債，還有債權人、員工和股東的法律訴訟，我不太相信萬豪主公司倒閉是安排在計畫之中的事。況且萬豪國際（所謂的「優質企業部分」）還要放款六億美元給萬豪主公司，萬豪家族仍然持有萬豪主公司的二十五％股權，而且波倫巴哈將擔任這家新公司的執行長——所以，萬豪主公司將繼續生存，並且但願能夠繁榮發展，這才符合大家的利益。至少在我做更深入的研究之前，這筆交易看起來是非常值得一試的高財務槓桿賭局。

不管各位相信與否，我的經驗告訴我，很多拆分交易的特性之一，就是蘊含著非比尋常的財務槓桿。記住，一家企業之所以決定要拆分其部分事業，主要理由之一，就是該部分事業不適合或不容易出售，但可以藉由拆分交易創造價值。談到創造價值，還有什麼更好的辦法，能夠藉由拆分交易而把母公司的債務轉移到拆分新公司的財務報表上？轉移到拆分新公司的每一美元債務，就等於是幫母公司創造出一美元的價值。

這個程序進行的結果，就是創造出財務槓桿非常可觀的拆分新公司。對於如此創造出來的拆分新公司，其每股的五美元、六美元，或甚至十美元負債，市場評估的淨資產價值可能是一美元，而這一美元也就是你可能發生的最大虧損。個人投資者不需對公司債務負責。對於這類高財務槓桿企業所做的投資，其中雖然涉及風險，但如果秉持著健全推理與深入研究，大有可能取得數倍的報酬。

前述說明或許有些凌亂，容我在此稍做整理。關於萬豪主公司的拆分交易，我們歸納出一樁非常可行的投資方案，理由如下：

- 大多數正常機構投資人都將不加考慮地拋售萬豪主公司股票，但願能夠因此出現便宜的股價。
- 萬豪主公司若能經營成功，對於內部重要人士來說似乎是有利的；關於這點，還需要做進一步研究。
- 如果基於某些理由，使得萬豪主公司的投資價值更甚於表面程度，則其非比尋常的財務槓桿將創造可觀的投資報酬。

如果一切進行順利，再加上一點運氣，這筆拆分交易就有可能創造出平均水準以上的收穫。

那麼，實際上是如何發展的呢？如同我們所預期的（也是我們期待的），很多機構法人低價拋售萬豪主公司股票。至於內線人士的情況，根據證管會申報資料顯示，其中確實存在可觀的既得利益，管理階層與雇員取得的新公司股票約佔二十%。最後，關於萬豪主公司的債務情況——這是讓大多數人打退堂鼓的主要理由，不過卻也代表我們的主要獲利潛能——顯然明顯勝過最初的新聞報導。

所以，最後結果如何呢？我想，應該算是相當不錯。萬豪主公司（所謂的「有毒廢棄物」）在拆分交易完成的四個月內，股價上漲了將近三倍。對於這種幾乎所有人都打算放棄的拆分交易，最後結果實在太非比尋常了。

看過這個例子之後，各位打算放棄嗎？這其中涉及太多思考？涉及太多工作？所有的這些獲利潛能，不值得如此大費周章？或許——只是或許——各位可以再進一步斟酌看看。

挖掘隱蔽的寶藏

截至目前為止，我們實際上只討論了報紙上對於某個有趣潛在投資機會所做的報導。現在，我們打算更深入一點。各位將展開一段枯燥乏味的旅程，前往投資研究的神秘世界，那裡堆積著上市公司向證管會（SEC）申報的無數文件與檔案。

在你覺得恐慌之前，請先做個深呼吸。你並不需要急著辭掉正職工作。當然，你需要花費一點工夫——這裡做些調查，那裡閱讀些資料什麼的——但其中並不會涉及太了不起的麻煩。這就好像在挖掘隱蔽的寶藏。我並不是說真正的挖掘，你不必真拿把鏟子插入土內，剷出泥土。你只要想想，每當你腦海裡浮現令人興奮的目標，而開始進行「挖掘」時，整個工作的性質就全然不同了。這樣的想法在這裡也是適用的。

原則上，這一切都可以歸納為兩個簡單步驟。第一，判斷寶藏（或賺錢機會）的所在位置。第二，一旦判定位置之後（最好能夠用個大大的紅色X標示出來），也唯有在這個時候，才開始進行挖掘。記住，不要到處亂挖，把附近整個挖個遍，是沒有意義的。

好，現在你終於可以動手了。你面對著一個有可能讓你大有斬獲的對象：拆分交易。你認準了一個貌似可信的投資論述，甚至很可能找到了一個平均水準以上的拆分交易。現在，你可以捲起袖子，開始做些調查工作了，不是嗎？嗯，基本上沒錯，但還沒有那麼快。

在萬豪的案例裡，拆分計畫最初是在一九九二年十月宣布。隨後幾個月裡，這筆交易雖然吸引媒體廣泛報導，但相關單位向證管會申報的檔案一直到一九九三年六、七月之間才大致完整。實際的拆分交易則到了九月底才開始進行——距離最初宣布時間，大約相隔一年。一般來說，從交易宣布到開始進行，通常會有六～九個月的間隔，有時候甚至會拖延到一整年。

各位如果天性急躁，隨時都希望採取行動，恐怕就沒辦法耐著性子等待拆分交易進行。你知道嗎？賭城拉斯維加斯並不適合舉行跑馬賽事，因為大部分賭徒都不願花兩分鐘時間等待跑馬的結果。各位如果想要在股市裡找那種一翻兩瞪眼的賭局，恐怕就要到別的地方去找。

為了迎合那些想要立即知道輸贏結果的玩家，金融市場也提供了很多交易管道。可是，對於那些非專業的一般投資人來說，或許多花點時間做思考，慢條斯理地自行做點研究，結果應該會比較好一點。另外，如果你已經花了一整年時間閱讀《華爾街日報》（或其他各種財經刊物）尋找可行的拆分機會，應該隨時都有一、兩筆交易已經成熟到可供你去做研究和投資。

事實上，這裡就有另一個案例。

※ 個案研究

斯垂泰克安全設備公司／百力通公司

Strattec Security／Briggs & Stratton

百力通公司（Briggs & Stratton）是一家專門生產小型汽油引擎的公司，其產品主要做為室外設備的動力供應。一九九四年五月，百力通宣布要把汽車鎖部門拆分為獨立公司，這筆交易計畫在一九九四年底到一九九五年初進行。汽車鎖部門的規模不大（後來被稱為斯垂泰克安全設備公司[Strattec Security]），其銷貨與盈餘佔百力通的比率還不到十%。

母公司百力通是標準普爾五百指數的成份股，資本市值在十億美元以上。斯垂泰克的汽車鎖製造，以及百力通生產的小型汽油引擎，兩者之間幾乎完全無關，而且斯垂泰克的資本市值想必不超過一億美元，其規模太小而不適合百力通原始股東持有。所以，斯垂泰克一旦完成拆分之後，百力通的股東應該就會拋售其持股。

斯垂泰克雖然屬於典型的拆分機會，但一直到一九九四年十一月，證管會宣布Form 10報告已經準備妥當，這筆交易才開始受到重視。一般來說，這份公開申報文件包含了拆分企業最重要的資料。唯有當新拆分企業佔母公司的比例很小，拆分交易不需經過股東投票同意時，這種情況才會申報Form 10報告。拆分企業如果佔母公司資產的比例很大，就必須準備股東委託書，讓股東們能夠就分割交易進行投票表決。大多數情況下，股東委託書和Form 10報告提供的資訊大同小異。（關於如何取得這些相關資料，詳情請參考本書第七章。）

可是，一直到一九九五年一月，當Form 10報告所欠缺的一些資料陸續補足之後，我才開始針對這筆交易進行真正的研究。根據這份資料顯示，拆分交易預計在二月二十七日進行。對於這類資料的研究，我通常都會先檢視內線人士——關鍵管理者與大股東——的動向；很幸運的是，文件第一面的簡介就提到這些資料。在「拆分理由」的標題之下，百力通董事會透露了這筆拆分交易之所以進行的主要理由。董事會的動機很清楚，「讓斯垂泰克成為獨立運作的企業與上市公司——而不是百力通的附屬部門——並依據其企業價值提供獎勵報酬給予主要員工們。」

根據這部分文件資料的內容顯示，「股票獎勵計畫」大約保留了新公司發行股票的十二%以上股權，準備授予公司高級主管與主要員工。以外部觀察者來看，這種程度的股票獎勵似乎太過慷慨，但就我個人來說，董事會提供的這方面報酬越優渥，結果應該愈好——只要這些報酬是來自於股票選擇權或其他有限制的配股計畫。

根據我的觀察，凡是值得投資的機會，都普遍存在一種性質：管理階層與員工都有強烈的動機，成為公司的擁有者。事實上，法律如果乾脆規定企業高級主管與主要員工起碼應該取得公司多少比率的所有權，情況或許會更好。當然，這方面的政府干預或許不太可能，而且也未必明智，況且我們可以透過斯垂泰克案例的類似投資安排得到相同結果；換言之，唯有股東受惠，管理階層才能受惠。

除了檢視企業內線人士的相關安排之外，通常也應該花點時間閱讀Form 10報告、股東委託書或其他類似文件最初幾頁的報告，尤其是詳細的內容目錄，以及摘要內容；如此一來，你才知道有哪些內容是你特別想瞭解的，而且知道到哪裡查閱詳細資料。老實說，逐字閱讀所有的資料，就好像觀賞那些重複播放好幾十次的電視劇一樣無聊；所以，務必要懂得篩選。這些文件除了透露企業內線人士所涉及的所有經濟利益之外，還包含其他非常重要的資訊，譬如：拆分新企業的估計損益表與資產負債表（假設前幾年以來，拆分企業就已經存在而獨立運作，可能就有依此編制的損益表與資產負債表）。

根據Form 10報告摘要內容的估計損益表，我們發現斯垂泰克截至一九九四年六月為止，財務年度的每股盈餘為1.18美元。如果不考慮偶發性特殊費用，那麼截至一九九四年十二月為止的半年期盈餘將增加十%（相較於一九九三年的同期）。藉由前述有限資料，我嘗試估計斯垂泰克在一九九五年二月開始進行交易的可能價格。

斯垂泰克是一家專門生產汽車和卡車鎖的業者，我們可以引用汽車業原始設備製造商（original-equipment manufacturer，簡稱OEM）的資訊，還有Form 10報告的資料，藉由邏輯推理歸納出一些有用的推測。首先，我們想知道同業股票適用的本益比。譬如說，如果汽車業OEM供應商股票適用的本益比都是十倍，那麼斯垂泰克股票的合理價格將是11.80美元（換言之，1.18×10=11.80）。

本書稍後會談論這方面訂價可供參考的一些資料來源。就目前這個案例來說，我習慣採用《價值線》（Value Line）的資料（這方面資料通常很容易查詢）。《價值線》是根據產業別提供資料。在「汽車零件（原始設備）」類別之下，我發現斯垂泰克適用的本益比大約介於九～十三倍。在這樣的情況下，斯垂泰克的股價大約介於10.62美元（1.18×9=10.62）到15.34美元（1.18×13=15.34）之間。如果要做更樂觀的估計，股價還可以往上調整十%，因為斯垂泰克截至一九九四年六月為止的盈餘還可能成長十%。

這些分析看起來確實不錯，而且令人興奮，但除非斯垂泰克到時候的交易價格確實因為賣壓沈重而只有六美元或七美元，否則所有的一切盤算都是枉然。另外，我雖然不瞭解斯垂泰克所經營的產業，但我確實知道一件事。汽車零件業通常被視為是微不足道的行業，如果我決定購買斯垂泰克，我知道華倫．巴菲特絕對不會是我的競爭者。（事實上，任何單一投資的價值如果少於一億美元，巴菲特根本不會考慮投資，更別提整個斯垂泰克的總價值恐怕都還不到一億美元呢！）

在「公司經營業務」的標題下，我讀到了一些相當有趣的內容。斯垂泰克是通用汽車所使用之汽車鎖的最大供應商，這部分生意約佔斯垂泰克銷貨的五十％。另外，克萊斯勒所使用的汽車鎖，也幾乎完全是由斯垂泰克所供應，這部分大約佔斯垂泰克收益的十六％。所以，我猜想，斯垂泰克生產的汽車鎖想必很不錯。接著，我又發現另一件非常有趣的資料。

根據申報資料顯示，「依據目前的生產協議，該公司（斯垂泰克）相信福特汽車將在一九九六年財務年度（截至一九九六年六月為止）成為第二大客戶。」這方面資訊雖然沒有被大肆渲染，但如果得以成真，影響將非常深遠。前文討論的所有盈餘和收益資料，都完全沒有考慮到福特汽車的部分；到時候，新客戶訂單需求如果暴增，消息想必非常轟動。

克萊斯勒目前是斯垂泰克的第二大客戶，營業額約佔總銷貨的十六％。如果福特汽車真的取代克萊斯勒而成為第二大客戶，斯垂泰克的銷貨起碼會增加十六％。（由於通用汽車是最大客戶，約佔斯垂泰克銷貨的五十%，而福特汽車既然是第二大客戶，其佔銷貨的比率想必不會超過五十%。）總之，這個資訊理當讓斯垂泰克的價值顯著增加。但願在我買進斯垂泰克之前，這部分資訊不會反映到股價上。

若從「質」的角度思考，斯垂泰克想必有其獨到之處。斯垂泰克是整個汽車鎖產業的最主要生產者。通用的汽車鎖大多向其購買，克萊斯勒的所有汽車鎖也全部來自斯垂泰克，這意味著斯垂泰克掌握了某種利基市場。所以，現在又增加福特汽車的客源，這代表斯垂泰克汽車鎖的品質與價格都朝正確方向發展。在這樣的情況下，我相信其他OEM供應商享有的市場地位應該不會優於斯垂泰克。所以，我依此判斷，斯垂泰克股票適用的本益比，應該居於產業區間的高端。

當然，不論斯垂泰克股票的訂價是否合理，我都沒打算按照最高本益比購買。可是，如果在沒有反映福特因素的條件下，能夠按照偏低本益比購買斯垂泰克（譬如說，九倍），那就非常值得投資。

實際結果呢？斯垂泰克股票開始進行交易的幾個月之內，價格始終在10.5~12之間遊走。這種價位顯然落在產業標準的底端，而且沒有完全反映：一、福特汽車因素；二、斯垂泰克掌握的利基市場；三、最近六個月的盈餘成長十%。總之，當時確實是購買斯垂泰克的理想價格。到了一九九五年底，斯垂泰克股價已經上漲到十八美元附近——八個月的漲幅超過五十％，可說是相當不錯。而且很幸運的是，這樣的案例絕不少見。

好吧！我知道各位心裡正在想什麼。鈔票雖然很好，但汽車零件——嗯，未免太無趣了吧！那…完全沒問題。你想要什麼，就有什麼；想要兼顧鈔票與刺激是嗎？我們的下一站，就來造訪購物頻道！

購物頻道寶藏

我從沒想到這次的購物頻道之旅會如此刺激。當然，跟大家一樣，每次翻動置物箱，我就會看到一大堆沒用的雜物。我家到處都可以看到荒謬、可笑的東西——為了避免丟臉，大多都藏起來了——但那些東西大多不是我買的，我也實在搞不清楚究竟是誰買了那些東西。由於家庭購物頻道（Home Shopping Network，簡稱HSN）曾經是一九八〇年代的熱門股，所以我每隔一陣子都會進入該頻道看看，但我從來不認為HSN是值得投資的潛在對象。

一九九二年四月份的《精明資金雜誌》（Smart Money）創刊號刊載了一篇文章，改變了我的想法。文章的標題是「一九九〇年代的十大股票」（10 Stocks for the 90s），其中一支就是家庭購物頻道（HSN）。這篇文章是綜觀一九八〇年代表現最傑出的股票，並分析這些股票的通性，藉此預測一九九〇年代的潛力股。以下準備解釋HSN為何特別吸引我注意的理由。

首先，我用來篩選這些潛力股的最主要準則，都是班哲明．葛拉罕所倡導的價值投資（譬如說，本益比低，股價對帳面價值比率偏低等）。可是，對於過去的熱門股HSN，其價格竟然會落魄到所謂的價值型投資水準，實在頗令人覺得意外。其次，HSN的股價只不過五美元多。個位數字的股價，其本身雖然沒什麼特別的意義，但很多機構投資人就是不喜歡買進十美元以下的股票。一般來說，人們總希望股價能夠處於十美元到一百美元之間；股價低於十美元，往往會讓人覺得丟臉。由於低價股的資本市值通常也比較低，而且股價如果是從較高水準跌下來的，那麼低價股往往也代表不受歡迎的冷門股，這類股票通常比較不會受到重視，追蹤這類股票的專業或業餘分析者都相對較少，訂價不合理的情況也更可能發生。

HSN之所以成為潛力股的最後一個理由，則是涉及拆分交易（這也是我們在這裡討論這個案例的理由）。根據前述文章報導，HSN計畫把廣播事業拆分為獨立企業，藉以「提升盈餘素質」。這是什麼意思？以下容我慢慢道來。不論是母公司HSN，或子公司銀王通訊（Silver King Communications，以下簡稱「銀王」），兩者都值得深入分析。

根據一九九二年八月申報的Form 10報告記載，在「拆分理由」一節內，HSN管理當局表示：

> 管理當局相信，金融投資界並不充分瞭解HSN股票的價值評估，一方面是因為HSN同時經營零售業與傳播業。傳播業的價值評估，通常是以現金流量為準，而零售業價值評估則通常是採用每股盈餘基礎。HSN應該分別採用零售業與廣播業的價值評估方法，分別評估兩個事業的價值，而不應該視為單一個體，只單獨採用每股盈餘或現金流量評估方法。舉例來說，如果採用零售業的評估方法，則廣播事業就要跟零售業一樣，資產要攤銷大量的折舊費用。HSN董事會相信，分別處理HSN與銀王公司，將讓潛在投資人可以更瞭解兩家事業的性質，也更能吸引投資人與分析師的興趣。

HSN為了拓展購物頻道業務，在一九八〇年代購買了十二家獨立的UHF電視台。根據SEC的申報資料顯示，這些電視台大約涵蓋了兩千七百五十萬收視戶，屬於美國最大的個別電視網。問題是，HSN當初花了不少錢購買這些電視台。這還不算糟，但電視台擁有的資產並不多。電視台的主要價值，是來自於廣告收益的現金流量，而不是用於播放節目的廣播設備。

息前稅後淨利 400萬
+ 折舊與攤銷 2200萬
− 資本支出 300萬
= 自由現金流量 2300W

不幸的是，公司支付了一大筆錢購買資產，結果卻只能仰賴少量固定資產與營運資本去創造利潤，結果勢必造成資產負債表上的大額商譽。資產的取得價格如果超過其認定價值——譬如：廣播設備、應收帳款與節目權利金等——就會出現商譽。這些超額價值必須分期攤銷為費用（類似廠房設備的折舊費用）。如同折舊費用一樣，商譽攤銷屬於非現金費用而必須由申報盈餘內扣減。（關於這些科目，細節請參考第七章解釋。）

廣播機構的價值與其運用資產價值之間沒有必然關連，所以這些企業通常都根據其現金流量——把折舊與攤銷等非現金費用加回到盈餘——來評估價值，而不是根據盈餘來評估。反之，零售產業則是根據盈餘估計其價值。HSN向證管會申報的資料顯示，關於企業價值評估，他們很難估計出一個單一的適當價值評估倍數。零售業適合採用盈餘的評估倍數，廣播業則適合採用現金流量的評估倍數。

讓我們快速瀏覽銀王的損益表。銀王最近的年度營業收益大約是稍多於四百萬美元。可是，該公司的現金流量總計超過兩千六百萬美元（換言之，四百萬美元的營業收益，折舊與攤銷費用大約為兩千兩百萬美元）。由於廣播設備沒有必要經常更新，新廠房設備的資本支出大約是三百萬美元。這代表銀王扣除稅金與利息之前的營業收益大約是兩千三百萬美元——也就是營業收益四百萬美元，加上攤銷與折舊費用兩千兩百萬美元，減掉資本支出三百萬美元。（各位如果覺得有點不知所云，請查閱第七章有關現金流量部分的說明）。

如果單獨觀察盈餘，一般人很難想像HSN廣播部門創造的現金流量竟然如此可觀。廣播部門創造的營業收益只有四百萬美元，但該部門幫HSN創造的現金流量竟然有兩千六百萬美元。由於HSN在外流通股數總共有八千八百萬左右，四百萬美元盈餘換算下來的每股盈餘只有4.5美分。所以，HSN因為拆分交易而產生的盈餘損失非常有限。可是，這並不是整個故事的全貌。

根據SEC的申報資料顯示，HSN將藉由拆分程序而轉移一億四千萬美元負債給銀王。如果利率按照九％計算，這意味著HSN的年度利息負擔將減輕一千兩百六十萬美元（9%×1.4億美元）。從華爾街的觀點來看，經過拆分之後，HSN的營業收益不減反增（因為拆分之後，營運收益只減少四百萬美元，但利息費用減少一千兩百六十萬美元，所以HSN的盈餘會增加八百六十萬美元）。

當然，由於HSN電視台能夠創造龐大的現金流量，所以我們不該如此做評估。HSN的看法也是如此。他們認為，投資人對於HSN的價值評估，並沒有適當考慮電視台的價值。事實上，對於購買電視台而發生的鉅額負債，投資人可能會從HSN的價值內扣除。（由於HSN大量舉債購買電視台，投資人可能會從股票價值內扣減利息費用，卻只認定四百萬美元的盈餘，而不是所有的現金流量。）

所以，這筆交易到處充滿機會。銀王顯然是一家很少人會留意的拆分交易，而且絕大多數人對它也不瞭解。銀王資產負債表上將出現一億四千萬美元的負債。相較於HSN的每股價值來說，銀王拆分交易的每股價值勢必很小；對於原股東來說，想必也覺得不重要。（如果是按照一比十的比例分派，則投資人每持有十股HSN，將取得銀王的一股。）另外，銀王屬於全然不同的產業（廣播），原來投資HSN（零售業）的股東，未必願意持有銀王股票。最重要的是，銀王雖然能夠賺取一大堆現金，但HSN的原股東（他們將取得銀王股票）卻很可能不知道。

投資機會並不止於此。母公司HSN也值得深入觀察。當初購買HSN股票的投資人，他們重視的是營業收益，所以不會太重視廣播部門。所以，經過拆分之後，HSN股價或許不會下跌太多。若是如此，HSN與銀王的合併價值可能會大於拆分之前的水準。事實上，拆分之後，HSN的營業收益甚至可能會上揚，所以HSN甚至可能會因為拆分而股價上漲。

談到實際結果之前，讓我們先看看另一件事。每當母公司宣布拆分某部門時，如果是屬於高度管制的產業（譬如：廣播、銀行、保險等），那就有必要深入瞭解母公司的意圖。拆分程序可能是母公司進行購併的前曲。當然，拆分也有可能只是母公司不想受到某些規範。可是，對於那些擁有管制行業的母公司，他們如果想要進行購併，程序往往很麻煩，而且很耗時。針對管制事業的拆分處理，很可能是為了讓母公司更容易脫手。當然，購併也有可能只是拆分交易之後不經意的結果。

以HSN案例來說，其中可能涉及一些有關拆分和合併的討論。一九九二年三月，就在HSN與其競爭對手QVC討論合併案之前幾天，該公司宣布了另一個賠錢部門通話處理系統（call-processing system）的拆分交易，這個機構叫做「精密系統」（Precision Systems）。銀王的拆分交易則是在幾個禮拜之後才宣布。在合併案討論取消之前，有些分析家（《華爾街日報》）猜測，QVC並不想買下這個外部事業。當然，拆分有可能是基於各種理由而進行，HSN確實有可能因為拆分而變成比較單純的事業，更適合成為被購併的對象。

好了，讓我們來看看最後的結果。一九九二年十二月，甚至還在拆分交易完成之前，自由媒體（Liberty Media，其本身也是由Tele-Communications拆分出來的事業，是美國規模最大的有線電視節目供應商）簽約同意購買HSN最大股東Roy Speer的控股投票權。幾天之前，自由媒體曾經採取行動，試圖控制QVC。銀王的拆分交易仍然按照計畫進行，雖然自由媒體將取得Speer對於銀王的控股，但仍然有待聯邦通訊委員會（FCC）核准。由於有線電視台所有權的相關法律規定，銀王的最終控股狀況還不確定。事實上，就在拆分進行前夕，銀王還曾經宣布自由媒體非常不可能取得銀王的股權。

情況變化得很快，而且令人感到有些混淆，後來銀王拆分交易終於在一九九三年一月完成。拆分之後的最初四個月，銀王股票的交易價格大約是五美元，看起來相當具有吸引力。信用擴張程度雖然很高（對於我們來說，這通常是優點），但股價五美元意味著銀王股價還不到現金流量的五倍。可是，關於銀王的未來營運，狀況顯然還不清楚。

過去，銀王的一大部分收入是來自於HSN。現在，HSN已經不需要銀王的服務，將來會如何演變呢？HSN的新控股公司自由媒體，該公司在有線電視業界有著很好的關係。所以，HSN將來有可能不會透過銀王播送節目。在這樣的情況下，銀王將空有兩千七百五十萬個接收戶。可是，情況聽起來也不算太糟。

後來怎麼發展呢？銀王的股價在五美元附近交易幾個月之後，上漲到了十美元～二十美元的區間。這一方面是因為賣壓慢慢被消化，另一方面是因為《華爾街日報》傳出一些謠言，據說銀王將聯合其他業者成立規模第五大的電視台。幾年後，媒體大亨巴利．狄勒（Barry Diler）控制了銀王，並以此為平台而創立了一個新媒體王國。當然，我買進銀王股票，並沒有預期到後續這麼遠的發展。可是，低價買進普遍遭到忽略的資產，就有機會醞釀很多好事情，其價值最終也可能會獲得認同。

哦！還有，拆分交易完成之後，HSN股票本身的價格走勢也出現一些有趣的發展。事實上，拆分進行當天，HSN的股價就上漲了。對於母公司股東來說，拆分股票每股價值五十美分（十股HSN分派一股銀王，銀王股價為五美元）；所以，股票拆分的當天，HSN股價理當下跌五十美分才對。可是，相當不尋常的是，HSN股價當天上漲了二十五美分。所以，股票拆分的前一天，如果你持有HSN股票，那麼隔天你將會因為放棄銀王股票而獲得報酬。從另一個角度來看，拆分交易讓HSN股東當天獲利十二%。姑且不論學術界對於股票市場效率的見解如何，市場上顯然還是存在缺乏訂價效率的機會——當然，前提是投資人必須知道到哪裡去尋找。

我幾乎都忘了，還記得「精密系統」嗎？也就是在銀王之前，HSN先拆分的賠錢通話處理系統？嗯，我到現在還在想辦法忘掉那樁交易。拆分之後的幾個月內，精密系統的股價始終待在一美元之下，但經過一年之後，股價竟然上漲到五美元，隨後兩年內，股價又翻了一倍。我只能說，你終究不可能包攬所有的好事（如果可能的話，那當然也很好就是了）。

十誡

「當尊敬父母」，是十誡的誡條之一。所以，我們應當尊重父母，其中也包括拆分交易的母公司在內。這是巧合嗎？我不認為。

關於HSN的案例，我最初是因為閱讀了《精明資金雜誌》，才開始對這個拆分交易感到興趣，後來經過自己的研究之後，我也決定買進母公司股票。我當時按照每股五美元買進，經過拆分之後，實際買進成本為4.50美元。觀察拆分交易的過程裡，我發現HSN的股價也很便宜。基於對照的緣故，我也去分析了HSN的主要對手QVC，結果發現QVC股價更便宜。在隨後的一年裡，這兩支股票的價格都翻了一倍。

此處的論點，並非告訴各位如何挑選更多的贏家。（請相信我，我也賠過不少錢。）我想強調的是，拆分複雜部門之後的母公司，也是值得留意的投資機會。接著，就讓我們繼續前進吧！

※ 個案研究

美國運通／雷曼兄弟

America Express/Lehman Brothers

一九九四年一月，美國運通公司宣布其拆分附屬機構雷曼兄弟為獨立機構的意圖。雷曼兄弟實際上是美國運通在一九八〇年代購買某老牌華爾街投資銀行合夥機構的殘餘物。當時之所以購買雷曼兄弟，是想把美國運通打造成為「金融超級市場」。可是，經過十年的努力之後，似乎沒有人搞得清楚這究竟是什麼意思，於是美國運通決定把雷曼兄弟拆分給股東。一九九四年四月，當這筆交易的資料申報給證管會之後，我就決定進一步評估這個「新的」雷曼兄弟。

根據中報檔案與媒體的廣泛報導，據說雷曼兄弟所創造的每一美元盈餘，其費用在整個投資產業裡是最高的，雷曼不只去年發生虧損，而且過去的盈餘紀錄波動非常劇烈。另外，該部門的內線人士薪水與紅利收入非常高，但持有新拆分機構的股份卻非常少。對於大多數企業來說，尤其是華爾街的機構，員工們都會儘可能追求最高報酬。雷曼資深主管的淨值與雷曼股票的未來發展，兩者之間的關連似乎不大。我認為，既然是關於員工與股東之間的利益分派，這筆拆分交易應該會讓股東成為輸家（大概就是我兩個，你一個；你一個，我兩個這種狀況，我想你應該懂的）。所以，除非雷曼股價顯著低於帳面價值，或相對低於其他投資機構，否則我對於這筆拆分交易根本不會感興趣。

可是，有些其他的東西，卻吸引了我的注意。根據報章媒體的報導，美國運通有個問題，因為大部分機構投資人都搞不清楚其盈餘發展的情況。雷曼兄弟顯然是主要的罪魁禍首，因為其盈餘紀錄非常不穩定。除了利空消息之外，華爾街最不喜歡的東西，就是「不確定性」。事實上，美國運通之所以要拆分雷曼兄弟，主要目的就是要排除盈餘不穩定的問題。這也是美國運通稍早出售席爾森（Shearson）附屬機構的理由。經過拆分之後，美國運通就只剩下兩個主要業務，兩者的盈餘波動程度都小於雷曼。

美國運通把第一種業務歸類為「旅遊相關服務」（Travel Related Services），其中包括著名的簽帳卡與全球規模最大的旅遊代理，還有旅行支票業務。根據新任執行長的指示，美國運通計畫專注於發展這些核心業務。過去幾年來，雖然Visa與MasterCard侵蝕了美國運通的部分業務，但美國運通本身的管理不當仍然是主要問題所在。美國運通顯然會把經營重心擺在這個基本業務上。簽帳卡（charge cards）是美國運通的主要產品，持卡人必須每個月繳納帳單，公司收益主要來自於持卡人與商家所支付的費用。這種商品看起來似乎優於信用卡，因為信用卡涉及信用風險。總之，美國運通似乎在高端市場擁有某種利基，其品牌與商譽似乎非常值錢，也是競爭對手難以複製的。

美國運通的第二種主要業務，是「分散投資服務」（Investors Diversified Services，簡稱IDS）。這部分業務的盈餘，過去十年來都按照二十%的速度成長。這項業務包含全國性的財務規劃，主要是根據客戶的需求，提供投資與保險方面的計畫。財務規劃者通常會建議銷售公司本身的產品，譬如年金或共同基金。由於財務規劃業務沒有受到政府規範，主要是由一些個人或小型機構經營，所以IDS（目前稱為美國運通財務顧問，American Express Advisors）得以提供多樣化、內容豐富且深入的金融產品，這也是其他機構難以競爭之處。由於IDS能夠提供整套的產品，所以其管理資產規模得以迅速成長。IDS的主要收入是來自於投資與保險產品的年度費用。總之，IDS看起來像是個具有價值、快速成長的利基行業。

在一九九四年五月雷曼兄弟進行拆分的幾個月之前，投資人可以按照每股二十九美元或更低價格買進美國運通。這部分價格包含雷曼兄弟的拆分價值在內，根據報紙的估計，每股美國運通掌握的雷曼價值大約是三美元～五美元。所以，經過拆分之後，美國運通「新」股票的價格應該大約介於二十四美元到二十六美元之間。根據一般的估計，經過拆分之後，美國運通的一九九四年每股盈餘大約是2.65美元，所以本益比還不到十倍。

查閱《價值線》的資料之後，我發現某些大型信用卡公司適用的本益比大概都在十三、十四倍。我雖然不確定這部分對照是否恰當，但美國運通股票價格似乎低估了三十～四十％。近年來，信用卡業務有點反轉的跡象，但美國運通把經營重點重新轉移到品牌名稱與高端利基市場，這點讓我稍微覺得寬心了一些。另外，如同稍早提到的，相較於我用來對照的信用卡業務，美國運通簽帳卡與相關業務的收費性質應該更具優勢。

當然，IDS營收大約佔美國運通的三十％，其價值適用的本益比絕對不只十倍。由於長期以來的每年成長率都在二十％左右，而且管理資產的收益流量非常穩定，在大幅折價的情況下（十四％或十五％）購買這部分事業，價格顯然非常便宜。美國運通雖然也擁有內部銀行（價值大約是盈餘的十倍），但這部分只佔總利潤的十％以下。

總之，本益比不到十倍，美國運通股價看起來很便宜。一旦雷曼兄弟這個不穩定因素剔除之後，我想投資人都會認同這種情況。現在的問題是：由於我對於雷曼兄弟的興趣不高，所以究竟是應該現在就買進美國運通，還是要等待拆分交易完成之後？

一般來說，如果某企業因為拆分了不理想部門而引起機構投資人的興趣，他們通常會等待拆分交易完成之後，才實際投資母公司。這涉及了兩方面理由。第一，拆分交易未必能夠完成。第二，如果提早投資母公司，隨後還必須處理拆分企業的股票。所以，機構投資人通常會在拆分交易完成之後，立即買進母公司股票；正因為如此，所以母公司股票可能會上漲。從另一個角度思考，如果母公司股票確實值得投資，有些人寧可在拆分之前進場。雖然投資人很難在拆分交易完成之前，找到好價格買進母公司股票，但通常還是值得在這方面花工夫，尤其是如果沒有辦法找到好價格出脫拆分股票的話。

就雷曼的案例來說，由於我願意按照二十四～二十六美元的價格取得美國運通，所以我願意在拆分之前按照二十九美元價格買進。我後來也繼續保有雷曼股票（我不喜歡賣掉拆分股票），其最初交易價格為18.50美元（每五股美國運通股票，可以取得一股雷曼股票，所以每一股美國運通取得的價值約為3.75美元）。雷曼股票拆分之後的第一個交易日，美國運通股票上漲1 5/8美元，所以在拆分之前買進是個明智之舉。另外，就長期而言，這筆交易也是明智之舉。拆分交易完成的一年後，美國運通股票上漲到三十六美元，年度獲利超過四十％。

順便提一點，就在拆分交易完成的六個月左右，華倫．巴菲特宣布取得美國運通的十％股權。很顯然地，出脫不相干的部門之後，美國運通就成為了華倫．巴菲特的投資對象——也就是成為了擁有顯著品牌與特殊市場利基的股票。

所以我就說要留意母公司。這個結果，誰想得到呢？

部分拆分

關於投資，我從來不願太過勉強。所以，如果某個潛在投資案看起來太複雜或太困難，我寧可放棄，再去另尋其他比較容易琢磨的對象。這也是為何我們接下來準備討論的話題——部分拆分（partial spinoff）——特別有趣的地方。這部分的討論，只需要引用到最基本的算術（尤其是減法）就足夠了。

所謂的部分拆分，是指相關企業只準備拆分或出售其部門的某個部分。換言之，該部門並非整個拆分給股東，而只是把部分股票分派給母公司的股東，或出售給投資大眾，而該部門的剩餘股權，則仍由母公司繼續擁有。舉例來說，如果XYZ公司準備把ABC部門的二十％股權分派給股東，這代表ABC的二十％股票將上市交易，剩餘的八十％股票則繼續由XYZ公司持有。

企業有可能會基於多種理由，而進行部分拆分。譬如說，某企業可能想藉此籌募資金。出售某部門的部分持股，但仍然保留足以繼續控制該部門的持股，這是籌募資金的可行管道之一。另外，企業也可能想藉由部分拆分交易，凸顯某部門的市場價值。一個部門如果隱藏在整個企業體系之中，其真正價值有可能無法具體展現。這類部門股票如果能夠獨立上市，投資人就可以更合理評估其價值。還有，部分拆分交易往往也能夠讓管理階層，直接按照相關部門績效表現獲取報酬與獎勵。

若對部分拆分交易進行分析，可發現其效益可能來自兩方面。第一，部分拆分的股票如果是直接分派給股東，那麼前文有關拆分交易的相關說法，也都能適用於此。但另一方面，如果部分拆分股票是**直接賣給**投資大眾（透過初次承銷IPO的方式），各位的機會恐怕就不大了。因為透過公開承銷方式取得股票的投資人，通常不會不想要這些股票。換言之，各位恐怕看不到「不計代價拋售股票」的情況。

至於部分拆分交易的第二種效益，其中牽涉到一些算術計算。部分拆分的股票一旦開始掛牌交易，市場就能有效評估相關部門的合理價值。假定XYZ公司的ABC部門總共發行一千萬股，其中兩百萬股按照每股二十美元價格賣給投資大眾，這意味著XYZ公司仍然控制著八百萬股的ABC股票。這八百萬股的價值為一億六千萬美元（20美元×800萬）

透過簡單的運算，我們現在知道兩件事。首先，XYZ公司擁有價值一億六千萬美元的ABC部門股票。可是，我們也因此知道，XYZ扣掉了ABC部門的總市值，也就是XYZ總市值少掉了一億六千萬美元。讓我們看看實際情況如何。假定XYZ的總市值為五億美元，扣掉八百萬股的ABC股票一億六千萬美元，代表XYZ剩餘部分的價值為三億四千萬美元。

這方面的資訊有什麼用呢？繼續往下看你就知道！

※個案研究

西爾斯（Sears）的便宜部分

一九九二年九月，西爾斯宣布該公司準備處理其所擁有兩個附屬機構的二十%股權，直接把股票賣給投資大眾。這些年來，西爾斯的管理階層始終面臨著提升股票價格表現的壓力。西爾斯認為，其所擁有的兩個附屬機構——添惠（Dean Witter，包括Discover在內）與全州保險（Allstate Insurance），它們的價值並沒有合理反映在西爾斯的股價上。以添惠來說，西爾斯進一步表示，剩下的八十%股權也將在一九九三年稍後直接分派給股東。

這有什麼值得大驚小怪的？西爾斯是擁有添惠和全州保險的連鎖百貨公司，這畢竟早就是眾所周知的事實。長久以來，西爾斯擁有這兩家企業，根本不是什麼秘密。而且，西爾斯是華爾街專業分析師普遍追蹤的一家著名企業。所以，有什麼特殊因素，讓這家公司突然變成值得注意的投資機會？西爾斯只不過是分派或出售該公司長久以來擁有的部分事業罷了。

這個部分拆分交易，不僅可以直接透過掛牌價格計算添惠與全州保險的價值，還可以透露出其他重要資訊。如果把西爾斯股價扣除掉該公司仍然擁有的添惠和全州保險股權價值，我們就可以知道西爾斯其他事業（主要是連鎖百貨）的價值。這有什麼了不起的？非常了不起！讓我們瞧瞧為什麼。

一九九三年二月，西爾斯出售添惠的二十%股權。西爾斯還表示，其擁有的剩餘八十%添惠股權，也將在未來幾個月內分派給股東。六月初，西爾斯按照每股二十七美元的價格，賣掉其所持有的全州保險二十%股權。七月初，就在西爾斯分派剩餘八十%添惠股權給股東之前，當時的情況如下：添惠股票掛牌交易價格大約是三十七美元；全州保險股票交易價格約為二十九美元；西爾斯股價約為五十四美元。

讓我們做些簡單的算術計算。西爾斯宣布即將把剩餘八十%添惠股權分派給股東。根據這項宣布，意味著每一百股西爾斯持股將被分派而取得四十股的添惠股票（準備分派的添惠股票總共有一億三千六百萬股，西爾斯股票總共有三億四千萬股，1.36÷3.4 = 0.4）。所以，到了七月中旬，西爾斯的每股股票，將分派取得0.4股的添惠股票，價值約為十五美元（37×0.4=14.8）。

在添惠股票分派之前，西爾斯股價為五十四美元，所以西爾斯扣除添惠股權的剩餘價值為三十九美元。這些剩餘價值代表的是什麼？主要包括西爾斯仍然擁有的八十%全州保險，還有海外和美國境內的連鎖百貨公司，以及其他房地產（包括科威國際不動產，Coldwell Banker）。這其中，我們還可以計算出西爾斯所持有八十%全州保險的價值。

西爾斯大約持有三億四千萬股的全州保險，而西爾斯本身的發行股數也剛好是三億四千萬股。所以，這代表每股西爾斯股票，間接持有一股全州保險股票。我們知道，全州保險股價約為二十九美元，因此西爾斯扣除全州保險之後的每股價值約為十美元（54-15-29=10），這也就代表西爾斯在美國境內與海外百貨公司與房地產的價值。便宜嗎？

著名基金經理然麥可．普萊斯（Michael Price）就是如此認為。在《巴倫週刊》（Barron's）的一篇訪談裡（一九九三年七月五日），他直接了當地表示：

> 五十四美元的股價中，包含了一股的全州股票，其價值約為二十八美元。所以，西爾斯剩餘價值為二十六美元。這部分還包含0.4股的添惠股票，其價值約為十五美元。所以，西爾斯的剩餘價值約為十或十一美元。西爾斯墨西哥與西爾斯加拿大的價值大約是二或三美元。所以，西爾斯還剩下八美元左右。科威國際不動產價值大約每股是二美元或三美元。所以，西爾斯還剩下五美元，也就是說百貨零售業的總市值約為十五億美元，但西爾斯的每年銷貨金額為兩百七十億美元。而且新的管理者似乎全心照顧百貨零售業。這顯然是個幾乎沒有負債而持有大量房地產的投資機會。

我早就告訴過各位，我不喜歡花費太多時間去搞懂投資機會。只透過一些簡單的核算，我就發現普萊斯的論述正確。西爾斯看起來確實很便宜。高達兩百七十億的銷貨，在外流通股票三億四千萬股，西爾斯的每股銷貨金額約為七十九美元。如果我們能夠花費五美元價格購買每股七十九美元的銷貨（而且幾乎完全沒有負債），那等於每一美元銷貨只要花六美分價格購買（5÷79 = 0.06）。另一方面，讓我們比較一下傑西潘尼（J. C. Penney）的情況：每股銷貨約為七十八美元，股價則為四十四美元，相當於每股銷貨的五十六%。當然，關於價值比較，還有很多其他基準（譬如盈餘）可供運用，但不論如何比較都顯示，西爾斯的國內零售百貨價格非常便宜。

順便強調一點，我雖然建議各位自行做研究，但這並不表示各位不能「偷竊」別人的好點子。世界很大，你不可能什麼事都自己來。所以，各位如果讀到某些資料，剛好落在本書討論的某個範圍內，通常都值得深入觀察或研究。這些資料的論述如果有理，或某些專家的說法極具說服力，「偷竊」也是非常可行的手段。

當然，我所謂的「偷竊」，是指偷竊某種想法（換言之，不涉及致命武力）。不幸的是，你還是要做點自己的功課。就西爾斯的案例來說，除了《巴倫雜誌》之外，麥可·普萊斯也在六月中旬的《財富雜誌》發表過類似的評論。所以，各位即使沒有留意到這幾個月來財經新聞普遍報導的西爾斯拆分交易，或者是看到了這方面報導，但沒有真正去做相關的算術運算，至少還有兩次剽竊別人點子的機會。各位如果知道自己想要找的是什麼（譬如：部分拆分交易），那麼這類的機會就會比較容易顯露在你眼前。

買進西爾斯的績效很不錯。（我們稍後也會討論一些失敗的案例。）拆分添惠的二十%股權之後，西爾斯仍然擁有的添惠股權市場價值在隨後幾個月裡上升了五十%。相同期間裡，全州保險股價則由二十九美元上漲到三十三美元。股票市場終於願意用更客觀的方式，來評估西爾斯持有資產的合理價值了。

〔對於一些思考縝密的玩家來說，這個時候也可以考慮買進西爾斯股票並同時放空全州保險，也就是只做多西爾斯持有零售百貨業的部分。在某些情況下，這是比較精明的作法，尤其是當意圖做多部分的價值（零售百貨部分約為五美元）明顯大於扣除的部分（添惠的三十九美元）。可是，就目前這個案例來說，由於零售百貨部門的購買價格相對於其真正價值的差距如此之大，所以似乎沒有必要採行這種花俏的操作手段。〕

內線消息：分析指南

談到內線人士，前文已經重複強調很多次，拆分交易務必要留意內線人士的動向。我的想法是這樣的：如果內線人士擁有大量的股票或選擇權，他們的利益就會和股東們是一致的。話雖如此，但各位可知道，某些情況下，內線人士可能會希望拆分股票的交易價格愈低愈好？各位可知道，某些情況下，大家如果都不想買進拆分股票，內線人士反而比較有利？各位可知道，如果懂得如何判讀這類情況，經常就能取得顯著優勢？以上所說的一切，全都是真的。

拆分交易屬於特別情況。一般來說，企業如果打算銷售股票，都會歷經一段繁瑣的協商程序。承銷商（負責承銷股票的投資機構）與發行公司之間，會討論股票初次掛牌的承銷價格。承銷價格雖然是由市場因素決定，但通常還是會涉及顯著的主觀判斷。發行公司當然希望承銷價格愈高愈好，因為如此才能募集最多的資金。承銷商的態度剛好相反，他們通常希望承銷價格愈低愈好，如此才能讓股票認購者賺錢（有助於未來的承銷業務）。所以，雙方將進行冗長的討價還價，最後才決定承銷價格。不過，對於拆分交易來說，通常並不會涉及這類的程序。

拆分股票通常都直接分派給母公司的股東，然後拆分股票價格將完全由市場力量決定。請注意，拆分交易過程裡，管理階層取得的獎勵股票選擇權，通常都是根據最初交易價格決定的。換言之，拆分交易的股票價格愈低，這些股票選擇權的履約價格也就愈低。（舉例來說，假定拆分股票的最初交易價格是五美元，管理階層取得的股票選擇權履約價格也就是五美元，這表示他們將來有權利按照每股五美元價格購買股票；反之，最初交易價格如果是八美元，股票選擇權的履約價格也就是八美元。）在這樣的情況下，管理階層當然希望拆分股票最初的交易價格愈低愈好；唯有當最初交易價格決定**之後**，他們的利益才會和股東一致。

所以，碰到這類情況，在管理階層獎勵股票選擇權的履約價格決定之前，不要期待新的拆分股票會受到積極推銷。這些選擇權履約價格有可能決定於拆分股票開始交易的當天，或是幾個禮拜、幾個月之後。某些情況下，管理階層完全不提新拆分事業的優點或長處，事實上也不全然是壞事；有些時候，這反而是天大的好事。所以，當各位發現某個拆分交易值得注意時，應該向證管會查詢股票選擇權的履約價格如何決定。如果管理階層取得的獎勵股票選擇權相當可觀，或許就有必要在管理階層大力促銷新拆分股票之前，先做部分的投資。最終，管理階層與股東的利益會趨於一致，但各位最好還是事先弄清楚「什麼時候才開始趨於一致」。

以公開上市公司的股票投資來說，內線人士通常很難取得如此單方面的主導權。由於具有這種特殊性質，所以拆分交易更應該去分析內線人士的動向。當拆分交易進行時，由於母公司的所有股東都能按照比例取得新拆分事業的股票，所以大家都不會特別在意拆分交易的資產、負債或其他資源分配是否公平。可是，內線人士有可能會趁機設定對於自己比較有利的拆分交易計畫。當然，如果能夠掌握管理階層和內線人士的這方面動機，就能讓內線人士享有的優勢，也變成是你的優勢。我們即將討論的下一個案例，情況就是如此。

現金增資

有些情況下，除了把拆分股票免費分派給股東之外，母公司還可以出售認購部門或附屬機構股票的權利。現金增資（rights offering）就是這種方式之一。大多數的現金增資（至少是大多數投資人熟悉者）並不會涉及拆分交易。可是，少數罕見情況下，拆分交易也有可能透過現金增資方式處理，這類案例特別值得留意。為什麼？這還用問？各位肯定知道。（喔！好吧！因為你可以賺很多錢！）

企業如果要募集新資本，往往會採用現金增資。一般來說，認購權利會分派給公司既有的所有股東。這類認購權利可以讓持有者擁有權利購買額外的股票（價格通常低於目前市價）。由於所有股東都享有這種折價買進股票的權利（但沒有義務），因此發行公司可以藉此募集新資本。如果目前的股東決定執行其認購權利，那麼其股權將不會因為增資而稀釋。反之，如果既有股東決定不參加認股，公司就可以在公開市場將認購權利出售給其他投資人。這些認購權如果沒有被轉售或執行，到期後將失去價值。

封閉型基金的持有人，對於現金增資可能有不愉快的經驗。不論是股票或債券的封閉型基金，它們都與開放型基金不同，因為發行股數是固定的（譬如說，按照每股十美元公開承銷兩千萬股，方式就如同普通股一樣）。封閉型基金如果要增資（並藉此調升基金經理人顧問費），可以透過現金增資方式發行更多股份。一般來說，這類的現金增資，大概只有基金經理人能夠從中受惠。

現在，我們來談談好消息。對於具有冒險精神的投資人來說，透過現金增資方式進行的拆分交易，往往代表非比尋常的機會。現金增資經常不清不楚，相當容易讓人混淆。再加上機構投資人對於拆分交易通常不感興趣，因此對於個人投資者來說，這個領域的機會特別好。一般來說，母公司會（免費）把認購權分派給股東，讓他們購買拆分證券。認購權的持有人在未來三十天或六十天裡，有權利按照某特定價格購買特定數量的某證券。這些認購權通常可以轉讓，也就是說那些不想購買證券的股東，可以在公開市場出售認購權，而認購權買方即使不是股東，也可以參與證券認股。

現金增資案的時效、條件與細節內容都大不相同。可是，千萬記住：每當你聽到有某個拆分交易是藉由現金增資方式進行時，請立即停止手頭上的任何工作，花點時間去瞭解相關交易（不用擔心，這種案例非常稀少）。只要稍加瀏覽，你就能成為比別人知道更多的菁英份子。更重要的是，你將面臨比一般拆分交易更具獲利潛能的機會。在各位更深入研究之前，請快速檢視現金增資案的表面內容，以及內線人士的動機，或許這樣就能引發你更強烈的興趣，或者是說服你另找機會。

當拆分交易與現金增資碰到一起時，為什麼就特別具有吸引力呢？現金增資的拆分交易，畢竟不具備標準拆分交易的賺錢成份——也就是缺乏母公司既有股東不分青紅皂白的賣壓。事實上，現金增資的情況剛好相反。既有股東如果執行其認購權而買進股票，即代表他們想要持有新的拆分股票。請注意，一般現金增資往往可以按照低於市價的價格認購股票，但透過現金增資進行拆分交易，情況則非如此，因為你不知道拆分股票到時候的交易價格是否會高於認購價格。所以，這類機會的獲利潛能究竟在哪裡呢？

這個問題的答案，存在於現金增資的本身。母公司如果決定透過現金增資方式進行拆分交易，這意味著母公司決定不採用其他方式。所謂的其他方式，可以是直接出售拆分事業給另一家公司，或透過公開承銷方式出售拆分事業——此兩者都需要經過負有信託責任的董事會同意，後者有義務尋找最高價格銷售拆分資產。可是，母公司如果藉由現金增資方式而把拆分資產分派給既有股東，就沒必要尋找最高銷售價格。事實上，限制拆分交易的最初買家只能是既有股東，以及那些在公開市場買進認購權的人，這也是讓拆分交易賣出最高價的有效辦法之一。可是，就現金增資來說，由於母公司的每位既有股東都有相同機會買進拆分股票，所以拆分交易即使賣得很便宜，也沒有涉及什麼不公平之處。

拆分交易透過現金增資方式進行時，認股價格通常都稍低（附註：投資人在公開市場買進認購權，通常必須支付額外價格，所以價格較高），如果去研究現金增資的結構，通常可以找到一些重要線索。現金增資認購價格偏低的具體徵兆，可以透過**超額認購**條款（oversubscription privileges）顯現。現金增資股票的認購如果不足額的話，根據超額認購條款的規定，認購者有權利額外認購股票。由於現金增資的規定經常不清不楚，而且又需要額外支付款項，再加上認購權缺乏市場流動性（相較於母公司股票），所以經常有些持有認購權的人，既沒有出售認購權，也沒有執行其認購權利。所以，可供認購的股票可能有三百萬股，結果有一百萬股沒有被認購，因此超額認購條款允許投資人按照比例認購剩餘的一百萬股。

內線人士如果想增加其對於新拆分機構的控股權，可以在現金增資案內增添超額認購條款。在某些情況下，內線人士如果想透過超額認購方式多取得拆分新事業的股票，他們事先必須向證管會申報其意圖。揭露這方面的訊息，其意涵相當清楚。請記住，現金增資如果涉及超額認購條款，而媒體如果很少相關報導（認購價格愈低），現金增資案的認購比率就不會很高，內線人士與具有冒險精神的投資人，也就愈有機會按照便宜價格認購拆分股票。

我們雖然還可以透過其他方式評估現金增資拆分交易的獲利潛能，但最重要的是記住一個簡單概念：交易的結構不論如何，你如果能夠琢磨內線人士的意圖與動向，那你就找到評估拆分交易獲利能力的最重要關鍵了。在下一個案例裡，談的是有史以來結構最複雜、最有搞頭的拆分交易，投資人如果想搞清楚究竟是怎麼回事，唯一的途徑就是追蹤內線人士的意圖。

事實上，這筆拆分交易的結構是如此複雜，而且非常不友善，我實在很懷疑這是否根本就是內線人士當初的刻意安排或計畫。雖然我通常都會避開那些不容易搞懂的投資案，但這個案例大有理由成為例外。當我判定內線人士絕對不希望我買進新拆分股票之後，我就決定自己應該不計時間與精力代價去瞭解這個投資機會。

對於大多數投資人來說，這個案例或許太過於複雜，但重點不在於此。各位實際上只需要記住一點：不要忘了檢視內線人士的意圖。從這點著手，結論應該就會很清楚了。

現在，就讓我們來看看如何真正賺大錢。

※ 個案研究

自由媒體公司（Liberty Media）／遠方通訊公司（Tele-Communications）

問題：如何在兩年內賺進五億美元？

答案：首先準備五千萬美元，然後向約翰．馬龍（John Malone）請教。他辦到了。

約翰．馬龍是遠方通訊公司的執行長，他藉由拆分程序創下了有史以來最偉大的拆分賺錢機會。任何人只要參與遠方通訊（Tele-Communications，簡稱TCI）拆分其附屬機構自由媒體公司（Liberty Media）的現金增資案，就有機會在兩年內賺取十倍的投資報酬。雖然母公司TCI的每位股東都有相同機會參與現金增資（而且全世界的投資人也同樣有機會購買相關認購權），而這個增資案的設計也蘊含著非比尋常的獲利潛能，但他們也透過各種可能的安排，試圖阻擾投資人實際參與這個機會。

《華爾街日報》曾詳細報導這筆拆分交易（絕大部分都屬於頭版新聞），但整個投資界的所有人，幾乎都沒能掌握到這個機會。下一次，當類似案例再發生時，但願大家仍然錯過機會，只有你成為那唯一的例外。

整個故事開始於一九九〇年一月。美國規模最大的有線電視業者TCI首度宣布他們想要進行的一筆拆分交易，包括製作節目的資產（譬如像QVC與家庭頻道等機構）與某些有線電視系統的少數股權，總價值約為三十億美元。這項宣布是回應華盛頓當局不斷呼籲，希望能降低大型有線電視業者（尤其是TCI）對有線電視產業的影響力。在約翰．馬龍的領導之下，TCI儼然成為該產業的龐然大物，影響力幾乎無所不至，包括有線電視節目供應商的經營方式、節目內容與合約條件等等。由於其規模龐大（幾乎掌握二十五％的有線電視收視戶），TCI經常有能力決定有線電視新頻道的成立與否，有時候甚至可以藉機控制新頻道。為了要對抗馬龍對於整個產業的控制和影響力，華盛頓當局試圖立法限制有線電視系統業者對於節目供應商的投資。

為了回應來自華盛頓當局的壓力，減緩有線電視系統對於節目製作單位的控制，TCI提出這筆拆分交易計畫。可是，TCI表面上仍然聲稱拆分交易是為了提升股東價值。換言之，TCI希望透過這筆拆分交易，凸顯母公司持有節目製作單位與其他有線電視系統少數股權的價值。一般認為，這些資產完全被TCI所擁有的龐大投資組合掩蓋了。

一九九〇年三月，《華爾街日報》報導一段新的發展。這筆拆分交易不準備按照正常方式進行，而準備採用現金增資的做法。既有股東將取得認購權，讓每位股東都有權利藉由TCI股票交換新公司股票。採用現金增資方式進行拆分交易，主要是基於稅金考量。（這筆現金增資如果安排恰當的話，股東們只需要按照認購權價值課稅。）

三月份的宣布還透露了一些其他資訊。拆分交易的規模明顯小於當初規劃的程度。TCI所持有價值十億美元的透納廣播公司（Turner Broadcasting）並不準備進行拆分。一九九〇年十月，就在向證管會提出初步申報之前，原本納入拆分交易的探索頻道（Discovery Channel）五十%股權也被取消。相較於原本的計畫，整個拆分交易的規模大約縮小了一半以上。事實上，根據一九九〇年十一月的證管會申報資料與一九九一年一月提出的修正資料顯示，拆分之後的新公司「自由媒體」，其資產大約只有六億美元。由於TCI的總市值為一百五十億美元（股東淨值約為六十億美元，債務約為九十億美元），所以拆分之後的自由媒體公司規模——跟母公司比較起來——可以說是「滄海一粟」，微不足道。換言之，若從機構投資人的角度觀察，經過拆分之後的自由媒體公司是個完全不重要的機構（對於我們來說，則代表典型的拆分交易機會）。

根據一九九一年一月份的新聞報導，自由媒體擁有的資產將涵蓋一百六十萬有線電視收視戶的少數股權，還有二十六筆其他投資（包括十一個地區性運動頻道，以及家庭頻道、美國經典電影頻道、黑色娛樂電視頻道、QVC購物頻道等投資的少數股權）。依據TCI的估計，這些資產的總價值約六億美元，有線電視系統與電視節目製作相關資產大約各佔一半。《華爾街日報》表示，「自由媒體的規模遠較預期為小，大約只發行兩百萬股。在充分稀釋的基礎上，TCI的總流通股數則大約有四億一千五百萬股。」另外，《華爾街日報》又引述分析師的評論表示，將近四百頁的公開說明書，代表這是「有史以來最複雜的一筆交易」，讓一般投資人完全搞不清楚。由於這筆交易不包含TCI對於透納廣播與探索頻道的投資權益，所以某些分析師認為，「自由媒體被視為是比較不具吸引力的投資。」根據《華爾街日報》的報導，「截至一九九〇年九月三十日為止的九個月，自由媒體的初估營運損失為兩千零四十萬美元（扣除優先股提撥股利），相當於每股損失9.77美元。」

總之，在一般投資人的眼裡，自由媒體看起來實在不特別值得注意。TCI的既有股東，每兩百股可以分派一股新拆分公司的認購權。每個認購權附上十六股TCI股票，可以交換一股自由媒體股票。（認購權在三十天之後過期。）TCI當時股價為十六美元，十六股TCI股票價值為兩百五十六美元，所以每股自由媒體的價值為兩百五十六美元。稍早曾經提過，TCI的發行股數大約為四億一千五百萬股，由於每兩百股得以分派取得一股自由媒體股票，所以後者的總發行股數大約是兩百一十萬股。

對於TCI的既有股東來說（投資發行股數四億股的機構法人），某家發行股數只有兩百萬股的小公司，其蘊含的投資風險實在太高，市場流動性也明顯欠缺，所以不適合納入投資組合。另外，股票單價兩百五十美元也太高。所以，對於大多數機構投資人而言，它們應該不會拿市場流動性充裕的大型股投資，去交換市場流動性不足的小型股。投資人如果去搜尋證管會的申報檔案，查詢這筆拆分交易為何要按照偏高價格兩百五十六美元發行區區兩百萬股的股票，而不是採行比較正常的做法——按照每股價格二十六美元發行兩千萬股，或按照每股價格十三美元發行四千萬股——就會發現一般的看法與解釋如下：「自由媒體與TCI股票的交換比率如此規定，唯一目的是要侷限〈自由媒體〉普通股的最大發行股數。換言之，這種交換比率並非想要正確反映〈自由媒體〉證券的價值。」我的譯文如下：「發行股數設定為兩百萬股，理由是不希望TCI股東認購自由媒體股票。」

我為什麼會這麼說？自由媒體的拆分現金增資案看起來不具吸引力，這有什麼好處？首先，根據這筆現金增資案的規定，自由媒體的普通股發行股數，必須等於現金增資認股數量。換言之，如果認股數量為一百萬股，那麼自由媒體也就只能發行一百萬股，而不是理論上的最大發行股數兩百萬股。如果是發行一百萬股的話，就等於是花費兩億五千六百萬美元的價格取得自由媒體的普通股（而不是發行兩百萬股，購買價格為五億一千兩百萬美元）。請注意，不論是發行一百萬股或兩百萬股，自由媒體仍然擁有相同的資產。可是，在這種情況下，對於潛在投資人來說，他當然希望愈少股份攤分愈好。

這筆交易還涉及另一些特殊安排。凡是沒有被認購的普通股，都將被取代為發行給TCI的優先股。如同前文談到的，TCI無論如何都會把相同資產轉移到自由媒體，而不管自由媒體是發行五億美元價值的普通股，還是發行兩億五千萬美元的普通股，剩下餘額兩億五千萬美元則發行優先股給TCI。優先股的發行條件，對於自由媒體相當有利。總之，參與現金增資的股東愈少，自由媒體普通股的財務槓桿愈大，股價愈有上漲潛能。而且，自由媒體普通股增值潛能的財務槓桿，並非來自於舉債，而是發行低成本的優先股。由於這些優先股在十五年內不需支付現金，報酬率只有六％，而且有固定贖回價格（換言之，不具備上檔潛能），這當然是幫助自由媒體普通股創造財務槓桿的有利工具——不必涉及舉債風險。

整個過程裡，TCI內線人士的動向或反應如何呢？他們並沒有提供積極的建議。根據《華爾街日報》報導：「TCI的兩位最高主管，包括董事長鮑伯．麥格尼斯（Bob Magness）與總經理約翰．馬龍，都建議所屬企業至少執行五十％的認購權。」這顯然稱不上是鼓舞士氣的承諾。可是，如果更深入觀察，還是可以看到一些有幫助的蛛絲馬跡。

現金增資的公開說明書裡，「經營主管報酬」部分有著下列記載：「依據馬龍博士簽署的員工協議，為了報答馬龍博士（對於自由媒體）提供的服務，他將取得不可轉移的選擇權，用以購買十萬股自由媒體普通股，每股履約價格為兩百五十六美元。」透過這筆選擇權，馬龍可以取得價值超過兩千五百萬美元的自由媒體股票，還不包括他藉由現金增資所取得的股票。根據證管會的申報資料顯示，由於馬龍持有大約五千萬美元價值的TCI股票，自由媒體的經營如果成功，對於約翰．馬龍而言將具有顯著意義。自由媒體如果發行兩百萬股普通股，那麼選擇權購買的十萬股約佔公司發行股數的五%。如果發行股數是一百萬股，則所佔股權比例將是十%。

如果更深入觀察的話，各位將發現，自由媒體的經營狀況，實際上沒有報章媒體報導的那般不堪。最近九個月的預估每股虧損9.77美元，其實並沒有說清楚整個故事的全貌。初估損益表顯示的盈餘（或盈餘不足），只涵蓋了自由媒體的少部分資產。由於自由媒體的絕大部分資產，實際上都是投資其他事業的權益，這些權益所創造的收益與盈餘並沒有納入自由媒體的損益表（相關權益只按照成本登錄在自由媒體的資產負債表）。關於這部分內容，甚至連《富比士雜誌》都完全搞錯了。該雜誌談到，自由媒體的營收與盈餘偏低（我猜他們並沒有閱讀證管會的申報檔案）：「各位如果是TCI股東，最好不要去交換股票〔不要通過現金增資而拿TCI股票去交換自由媒體的股票〕。如果你考慮買進自由媒體〔的股票〕…千萬不要追價。」所以，閱讀商業雜誌雖然有助於啟發靈感，不過還是要記住「第一法則」：投資人應該自行研究。（沒錯，確實比較辛苦，但那是必要的。這裡所說的研究，起碼要包括閱讀初估損益表。）

關於自由媒體，有些東西看起來還蠻值得興奮的。依據公開說明書的內容顯示，TCI管理當局「預期〔自由媒體的〕普通股最初只會呈現出未來成長的部分權益」。這種權益有多少價值？讓我們瞧瞧。TCI大約持有價值一百五十億美元的有線電視資產。自由媒體公司即將被這群相同的TCI管理階層控制。自由媒體是為了TCI節目製作而成立的機構。如果約翰．馬龍即將取得自由媒體未來利益成長的一大部分潛能，或許就有充分動機運用其在TCI的影響力，好好幫助這家剛成立的自由媒體小機構。當然，自由媒體或許也能夠受惠於新的有線電視頻道。如此一來，TCI的龐大有線電視網事業，或許就能延伸到前述新的有線電視頻道，並創造出一些機會。或許自由媒體也可以自行建立新的有線電視頻道。如果剛開始能夠充分運用TCI的收視戶，這個新成立的頻道顯然就能受惠。嗯…究竟有多少可能的「或許」，可代表未來利益的分贓方式？

這個問題的答案，一方面取決於有多少TCI股東決定參與現金增資，願意把TCI持股交換為自由媒體股份。有家媒體相當精準地總結了一般的看法：「自由媒體的問題包括：股票的市場流動性欠佳，非常複雜的資產和資本結構，而且該投資無法創造起始現金流量。」貝爾斯登（Bear Sterns）的某分析家也表示，「我們認為，對於大多數基金經理人來說，這個現金增資的訴求相當有限。」席爾森．雷曼（Shearson Lehman）表示，「放棄TCI而參與一家價值高度不確定而市場流動性有限的自由媒體，就我們看來，不論價格有多優惠，對於任何機構投資人而言都不是很好的機會。」所以，最後的結果並不令人覺得意外：只有三十六％認購權實際被執行，自由媒體公司只發行了稍多於七十萬的普通股（理論上最多可以發行兩百萬股）。

認購權持有人有權利在長達三十天的認購期間內，運用價值兩百五十六美元的TCI股票，交換取得一股自由媒體股票。這個認購權的公開市場交易價格還不到一美元——換言之，對於TCI股東來說，每持有兩百股TCI（價值約為三千美元）才擁有價值不到一美元的一股認購權。

大多數TCI股東沒有執行認購權，也沒有出售其認購權。至於TCI的最主要兩位經營者鮑伯．麥格尼斯與約翰．馬龍，當然完全執行了認股權利。如果加上十萬股選擇權，馬龍取得了自由媒體上檔潛能的二十%權益，相較之下，他參與TCI上檔潛能的權益還不到二%。馬龍雖然同時是這兩家事業的執行長，但他顯然有充分動機運用TCI對於有線電視產業的影響力，確保自由媒體成功興隆。可是，容我再重複強調，所有的TCI股東畢竟當初都有相同機會參與自由媒體的未來發展——雖然每個人掌握的資訊並不完全相同。

一家專門報導有線電視產業新聞的刊物《多頻道新聞》（Multichannel News）認為，

> TCI官方預期參與現金增資認股的比率不會超過五十%。可是，就TCI公佈的計畫細節來說，華爾街專家並不認同自由媒體，認為其股票市場流動性欠佳，資產與資本結構複雜，而且缺乏起始現金流量。

身兼自由媒體公司董事長與總經理，以及TCI執行長的約翰．馬龍，他對於華爾街的冷淡反應，態度也很冷淡，而且並不覺得失望。

自由媒體的股東會雖然可以擠在「一個電話亭」裡舉行，但馬龍表示，根據這筆交易的結構，TCI經營者瞭解這個投資未必是每個人都想要的。

馬龍表示：「人們必須自己做決定。說服別人做某件事，可能惹禍上身。」

他說的沒錯。你的投資如果能夠在不到兩年時間內成長十倍（老實說，即使是馬龍先生，他也應該沒有預料到這種結果），設想這對於沒有經驗的投資人來說，將造成多麼棘手的稅金問題。

P.S. 這筆現金增資拆分交易完成不到一年，自由媒體公司就進行股票分割，每一股拆分為二十股，市場流動明顯大增，也吸引了更多的機構投資人與專業分析師。

摘要總結

結束拆分交易相關討論之前，讓我們把摘要內容總結如下：

1. 拆分交易通常優於股市大盤表現。
2. 挑選自己偏好的拆分交易，對於報酬績效更有幫助。
3. 具備某些特殊性質的拆分交易，機會特別好：
 a. 機構投資人不喜歡拆分獨立企業（但不是基於投資考量）。
 b. 內線人士喜歡拆分獨立企業。
 c. 拆分交易揭露了過去所隱藏的投資機會（例如：便宜股票、好機會、某信用擴張的風險／報酬狀況）。
4. 藉由新聞報導與證管會申報資料，投資人可以尋找與分析新的拆分交易機會。
5. 留意「母公司」的情況，往往可以取得意想不到的收穫。
6. 部分拆分交易，以及透過現金增資方式進行的拆分交易，往往代表特殊的投資機會。
7. 哦，是的，務必特別留意內線人士的動向。（我記得已經再三強調過了。）

額外補充：

1. 電視節目重播通常很無聊。
2. 「偷竊」可能是好事。
3. 別在Lutèce餐廳詢問蠢問題。

嘿！我當初怎麼沒想到呢？

第四章

別在家裡嘗試——風險套利與合併證券

> 「別在家裡嘗試。」
>
> ——三壘教練對於剛盜壘者的告誡

風險套利

風險套利（Risk arbitrage）是指買進某宣布合併或購併之企業的股票。請特別注意，所謂風險套利的相關買賣對象，通常是指那些已經宣布合併的公司股票而言，這與一般的認定未必相同（主要是因為某些不當套利者的渲染，譬如：依凡・波斯基〔Ivan Boesky〕，還有一些內線交易醜聞的影響）。讓我們先看看一種最單純的狀況。A公司宣布，該公司同意按照每股四十美元價格合併B公司。相關宣布之前，B公司股票交易價格原本是二十五美元；宣布之後，B公司股票交易價格為三十八美元，但仍不等於所宣布的購買價格四十美元。參與這類交易之投機者，有個花俏的名稱叫做「風險套利者」。可是，這種交易並非完全沒有風險；風險套利者其實承擔了兩方面的風險。

第一，基於各種理由，合併或購併交易有可能最終無法順利完成。所謂的各種理由，可能包括法規問題、融資問題、相關企業發生特殊事故、盡職調查程序（due-diligence process）發現問題（各位如果曾經買過房子，或許就瞭解企業合併也可能發生類似狀況）、個人問題，以及任何可想像的改變心意合法藉口。合併交易一旦失敗，B公司股價很可能就會跌回原先的二十五美元或更低，導致套利者蒙受重大虧損。至於套利者承擔的第二種風險，則是時間方面的成本負擔。這往往取決於交易所涉及的產業與類型，合併交易可能需要一～十八個月時間才能完成。套利者必須先支付三十八美元價款而試圖賺取二美元的價差利潤，後者有一部分包含了預付資金的時間成本（利息）。所以，套利者的工作之一，就是估計合併交易完成所需要耗費的時間。

最近十多年來，有幾十家專業投資機構踏進這個原本被認為死水一灘的風險套利領域，這使得風險套利變成競爭非常劇烈的行業，即使企業合併交易進行得相當頻繁。這些專業機構有能力整天追蹤相關合併交易的發展，它們聘請了反獨佔顧問、證券律師、特定產業投資專家，所以個人投資者很難在家裡想出什麼更有效的投資策略。另外，競爭劇烈也導致股票價格與購併價格之間的價差大幅縮小，使得套利交易很難賺錢。

各位的興致還是很高昂嗎？是不是認為我只是想澆各位冷水而已？「風險套利」的發音聽起來很美妙？機會都被龐然大物的「門神」擋住了？隨後的幾個案例，或許能夠顯露我個人的看法。

※ 個案研究
佛羅里達絲柏主題公園（Florida Cypress Gardens）／
哈考特出版社（Harcourt Brace Jovanovich，簡稱HBJ）

這是我個人所進行的第一筆風險套利交易。一九八五年四月，哈考特（HBJ，出版社與海洋世界經營者）宣布與佛羅里達絲柏主題公園達成購併協議。我很喜歡回憶小時候的種種，包括拜訪佛羅里達絲柏主題公園的經歷，所以對於這筆交易──除了做為投資之外──還有著特別的感覺。就主題公園而言，絲柏主題公園擁有相當希罕、充滿異國風味的花園，漂亮的散步小道，特殊的滑水表演（包括聖誕老人與女性合唱團的滑水），這實在是個非常特殊的旅遊勝地。（好吧！不要太挑剔，我當時畢竟只有七歲，而且我只是想藉此機會說個故事罷了。）

根據合併協議，絲柏主題花園的每股普通股，可以交換0.16股的HBJ股票。這筆交易還有一些前提條件，包括必須取得絲柏主題花園股東會的同意。股東會議預計在合併協議簽署的三個月之後舉行。由於絲柏主題花園董事長擁有四十四％的股權，所以我認為股東大會同意應該沒太大問題。至於HBJ方面，這筆交易的規模相對很小，所以根本不必經過股東大會同意。

對於絲柏主題花園的股東來說，這筆交易當然很合理。合併交易宣布之前，絲柏主題花園股價大概只有4.50美元。HBJ股價為51.875美元，運用0.16股HBJ換取一股絲柏主題花園，買斷價格相當於是8.30美元（51.875×0.16=8.30）。合併交易宣布之後，絲柏主題花園股價上漲三美元而成為7.50美元。換言之，即使股價已經大漲六十六％（股價原本4.50美元而上漲三美元），套利者仍然有不少利潤空間。套利者可以按照每股7.50美元買進絲柏主題花園，用以交換價值8.30美元的HBJ股票。投資7.50美元藉以博取八十美分的利潤，大約相當於三個月的報酬率10.67％，年度複利報酬率將近五十％（1.1067×1.1067×1.1067×1.1067──複利效應很可觀，不是嗎？）

現在有個問題：購買價格8.30美元是用HBJ股票支付，不是現金。合併交易完成之前的三個月期間內，HBJ股價如果下跌五％或十％，預期的八十美分利潤就會顯著減少，甚至完全消失。為了避免發生這方面風險，套利者可以放空HBJ股票而同時買進絲柏主題花園股票。想要放空HBJ股票，需要先向經紀商借取HBJ股票，然後在公開市場賣出。投資人如果放空股票，日後就有義務償還相應股票。關於放空交易，華爾街有個諺語警告：「賣出自己所沒有的東西，就必須買回來，要不然就得進監牢！」可是，對於風險套利來說，情況有點不太一樣。

套利者按照7.50美元價格每買進一股絲柏主題花園，就要放空0.16股HBJ（並取得8.30美元價款）。舉例來說，套利者可以放空八百股HBJ，同時買進五千股絲柏主題花園股票。等到合併交易完成，套利者的五千股絲柏主題花園就可以換取八百股HBJ股票（所以，他可以拿這八百股HBJ股票，清償先前向經紀商借取的HBJ股票，也就是說他不必在公開市場回補或買回HBJ股票）。因此，這筆風險套利交易如果進行順利，合併交易一旦完成，套利者便不再持有任何股票部位，而且對於絲柏主題花園的每股投資，將可以實現八十美分的利益（將近五十%的年度複利報酬率）。

所以，整個情況不是很好嗎（沒看到什麼「門神」）？究竟什麼地方會出差錯呢？嗯，似乎有個細節沒談到——風險。合併交易如果最後無法完成，那麼每7.50美元的投資，不只前述八十美分獲利會泡湯，甚至還可能發生三美元或更嚴重的虧損。嘿，萬一HBJ決定不幹了，譬如它發現絲柏主題花園有什麼嚴重問題，像是「真的」聖誕老人不會滑水、花草是塑膠做的、做假帳等——你知道的，就是我們常看到的那些理由。這意味著絲柏主題花園股價大有可能其實遠低於4.50美元，那麼風險也將遠甚於三美元。

老實說，就目前這筆交易看來，交易失敗的可能性很低。首先，這是筆大家都能受惠的交易。HBJ擁有位在奧蘭多的海洋世界主題公園，距離絲柏主題花園不遠。所以，HBJ相當熟悉旅遊方面的經營，如同某些媒體已經提到的，這是經營跨市場生意的大好機會。其次，這筆交易也不應該有資金融通問題。HBJ是運用普通股購買絲柏主題花園，而且相較於HBJ來說，絲柏主題花園只不過是芝麻綠豆。另外，在我的瞭解範圍內，這筆交易也沒有什麼法規管制的問題。還有，反獨佔考量好像也完全不適用於此。最後，如同稍早提過的，唯

—需要經過股東大會投票通過的，是絲柏主題花園的股東，那也已經搞定了。

所以，結果如何？喔！也沒什麼特別的，就是在交易預定完成的前幾個禮拜，絲柏主題花園出現地層下陷的坑洞。在此之前，我從來不知道什麼叫做地面陷坑。（美國的某些地區，由於地質的緣故，地面有時候會突然下陷成為大坑。）關於這個合併案投資，「地面陷坑」從來都不在我的風險考慮範圍內。《華爾街日報》的某位記者——他顯然不是絲柏主題花園的股東——還自以為很幽默地表示，「對於絲柏主題花園來說，這顯然是管理當局最忙碌的一天。」結果，「只有」主要展區出現陷落的狀況。根據該公司總經理表示，「…出現一些雜音，而你也可以看到，旁邊突出一些水泥支柱。」《華爾街日報》報導如下：

> 沒有人受傷…。可是，公司方面表示，由於設施受損，勢必會造成「當季的收入減少，至於影響有多大，目前尚無法估計。」
>
> 該公司也表示，它們原本即將從哈考特出版社取得的**暫時協議**（原文使用強調字體）也會受到影響。關於損失與保險理賠的估計，最起碼要等待四十五天才會有初步結論。絲柏主題花園表示，受到這次事件影響，有關和考克斯合併而必須向證管會申報的檔案、股東委託說明書，恐怕都會延遲，甚至修改內容。

關於這則報導，我有幾個問題。首先，「暫時協議」是什麼玩意兒？在我看來，交易就是交易！其次，我忘了提到另一樁小風險。在我剛開始進行這筆精明的風險套利交易時（買進絲柏主題花園股票，同時放空HBJ股票），一直到地面陷坑出現之前的這段期間裡，HBJ股價已經上漲到60.75美元。這筆合併交易最終如果取消，我就無法用絲柏主題花園股票去交換取得HBJ股票，所以我不得不在公開市場回補HBJ股票——要不然就得進監牢，還記得吧？更麻煩的是，我當時按照8.30美元（51.875×0.16=8.30）放空的股票，現在必須支付9.72美元（60.75×0.16=9.72）才能買回來。所以，除了絲柏主題花園股票發生的三美元損失之外，還有另一筆額外損失1.42美元（9.72-8.30=1.42）。所以，這個7.50美元的起始投資，損失為4.42美元。可是，慢點，絲柏主題花園的損失如果嚴重到足以取消合併交易，其股價或許會再跌到3.50美元或甚至2.50美元。如果絲柏主題花園股價真的跌到2.50美元，那麼我的損失就將會是6.42美元（相對於7.50美元的投資來說）。所有的這一切，都只是原本為了賺取八十美分的利潤而已。突然之間，我對於這筆交易的特殊感覺，孩提時代的甜蜜回憶，還有我的鈔票，似乎全都同時跌落到地面陷坑裡頭去了。

最後，實際情況並沒有發展到那麼糟。絲柏主題花園並沒有受到顯著的長期傷害。經過一個月的漫長等待，這筆交易重新敲定，原先的0.16股HBJ股票，被取代為固定7.90美元價值的HBJ股票（根據合併案完成前十天的HBJ平均價格計算）。股東會議投票與合併案結束日期，則延後到八月中旬。地面陷坑發生當時，我就回補了HBJ股票，因為當時不回補，就必須承擔HBJ股價可能繼續上漲的風險。結果，我這部分交易虧損了大約1.42美元（前文提過的9.72美元，減去8.30美元：9.72-8.30=1.42）。最終，我所購買的絲柏主題花園股票，每股賺了四十美分（7.90-7.50=0.40）。所以，相對於起始投資7.50美元來說，經過整整五個月的努力之後，我大約賠了一美元。可是，話說回來，相較於可能發生的最慘損失，我對於這個結果已經覺得很慶幸了。至於我孩提時代的甜蜜回憶：那畢竟是不能用價錢來衡量的——尤其是不能用此區區每股一美元來衡量。

風險套利的其他問題

這樁幾近於災難的事件，是發生在十年前的事。如今，地面陷坑已經列入了每個人的查核清單。所以，現在是否已經足夠安全，又可以重新回到水裡了呢？如果只是讓雙腳稍微沾濕，那還能有什麼問題呢？真正的問題是：風險套利領域的情形，可以說是每況愈下。絲柏主題花園的原始合併案如果是在今天宣布，那麼當時的八十美分價差，現在很可能只剩下三十美分（年度複利報酬率為十七％）。情況之所以如此演變，一方面是因為目前利率水準偏低，但主要還是因為風險套利交易競爭劇烈的緣故。請注意，報酬率只是故事的其中一部分而已。關於長期獲利能力，更重要的決定因素是風險／報酬比率，這個比率顯示的是你為了賺取多少報酬，必須承擔多少風險。在競爭非常劇烈的領域裡，這個關鍵比率經常會被故意忽略，目的是要凸顯較高的短期報酬。這種情況在銀行、保險與股票市場中特別明顯，因為這些地方的計算機很容易就被人們實際的想法所取代。這也是我為什麼一直試圖把各位引導到某些特殊投資領域的理由，因為在那些地方系統仍能有效運作，所以能夠繼續提供非比尋常的獲利機會。至於風險套利，老實說，並不在我所說的特殊領域之內。

我對於風險套利的看法，或許有些過於偏激，因為我曾經同時遭遇七筆這類的失敗交易。但由於風險套利者必須持續追蹤交易發展，而且個人交易者還有其他可供選擇的替代投資機會，我相信大多數投資人最好還是不要介入風險套利。可是，如果各位還是無法被我說服的話…

※ 個案研究

聯合國際（Combined International）／瑞恩保險集團（Ryan Insurance Group）

各位可還記得，那些經常泡在棒球場右外野的小鬼？他們經常盯著高飛球跑，大聲喊著，「我的！我的！——哇~沒接到！」在我們即將談論的下一筆交易中，我就是那個小鬼。相信我，那其實還是蠻有意思的。

一九八二年七月，聯合國際（Combined International）同意購併瑞恩保險集團（Ryan Insurance Group），條件是以三十四美元現金或三十四美元價值之聯合國際股票交換。根據計畫，瑞恩保險董事長派崔克．瑞恩（Patrick Ryan）將被提名擔任新合併企業的執行長。至於聯合國際的創辦人克李門．史東（W. Clement Stone）高齡已經八十歲，計畫在合併案完成之後，就辭去執行長職務。這筆交易還需要簽署明確協議，並交由兩家公司股東會同意，另外也還要經過主管部門核准。由於派崔克．瑞恩與其家族持有瑞恩保險的五十五％股權，所以至少有一家公司的股東會同意應該沒問題。

這筆交易按照預計時間表進展得相當順利，兩家公司的股東會投票都安排在八月底。這筆交易的價差雖然不大（我是以三十二美元買進股票），但報酬率看起來不錯。投資三十二美元，二個月內可以賺取二美元，報酬率約6.25％，相當於四十四％的年度複利報酬率。相當不錯，但瑞恩保險股票在合併案宣布之前的股價只有十八美元。所以，這四十四％的年度報酬率似乎不像表面上那般美好，因為我為了賺取二美元報酬，卻必須承擔十四美元的下檔風險。我雖然瞭解下檔風險，但這筆交易看起來很安全。到了八月底，隨著預計股東會時間逐漸接近，整個拼圖看來即將完成。（我當時之所以有這種感覺，當然是因為還沒碰上地面陷坑事件。）

一般來說，對於這種毫無爭議的合併案，實在沒有必要去參加股東會。股東會同意只不過是例行程序而已，結果早就決定了。可是，很不幸的是，克李門．史東並不認為如此，他曾經以倡導「積極心態」（positive mental attitude，PMA）哲學而聞名，對於尼克森競選總統貢獻頗多，他可不打算安安靜靜地下台。根據某份來自會議現場的報導顯示，史東抓住麥克風，大聲宣布他改變心意了，並強調「不論派克．瑞恩或是其他任何人，都不會主導聯合國際。史東暗示自己仍將是執行長。某位觀察者總結當時的情況，表示「到了最後關頭，這位八十歲老人似乎突然不能接受離職的事實。你可以從他臉上的表情看得出來。」至於我嘛⋯我啥也沒看到。我當時坐在自己的桌子前面，右拳搥著左手的棒球手套，正等著球穩穩當當掉進我的手套中。

當天下午，經由某位「朋友」向我致意而得知，股東會發生問題，而且決定延期。當時，我是在幫別人打工，而這是我所主導的一筆交易，我想我的臉色一定是變綠了。我為什麼知道？因為當時我雖然完全沒說什麼，但我的老闆仍然問我究竟發生了什麼事。你知道嗎？在風險套利領域裡，賺個二美元根本不算啥，只能算是常態而已；這裡賺一美元，那裡賺二美元，然後慢慢加總起來。可是，一口氣賠掉十四美元，那⋯事情就大條了。這種事情只要發生個幾次，你就不可能繼續生存下去了。發生一次這種程度的虧損，可能就要有十幾筆成功交易才能彌補得過來。這兩個月以來，我一直認為獲利已是囊中之物，現在我實在沒辦法說出「哎呀糟糕！」這樣的話，因此當我老闆問我究竟出了什麼差錯時，我只能含糊帶過：「發生了一些小狀況，但最後不會有問題的。」可是，我的胃可不覺得沒問題。

最後，史東與瑞恩總算喬定了一切，股東投票當天稍晚也成功落幕，不過股票市場當時已經收盤。

這筆交易最終雖然是喜劇收場，但風險套利交易的問題依然存在——容我套用尤吉．貝拉（Yogi Berra）的名言——「要結束之後才算結束」。有太多事情必須同時正確了。如果你願意只看待平均數的話，那確實可以賺取合理的報酬，因為很多事情雖然可能出差錯，但大多數交易還是能順利完成。可是，如果碰上一連串壞運氣，或遭遇總體經濟事件（譬如：股市崩盤，或另一次石油危機），那麼風險套利投資組合——相較於拆分交易之類的其他企業特殊狀況投資組合——受傷通常會更重，更容易全面崩解。這類交易的失敗，永遠是因為意外。所以，實在沒必要強迫你自己、你的資金、你的胃去經歷這一切。各位如果真喜歡拿著剪刀在房間裡奔跑，那請便。可是，實際上還有其他更輕鬆、更安全的謀生之道。譬如說：

合併證券

合併證券（merger securities）是一種你偶爾可以在家裡試試的交易。企業合併雖然大多是採用現金或股票做為支付方式，但偶爾也會採用其他證券做為支付工具。所謂的其他證券，有可能是各種債券、優先股、認股權證（warrants）、認購權證（rights）等。一般來說，這些「其他證券」只被用做為部分的支付工具，主要支付工具仍然是現金與股票。很多情況下，購併者之所以決定支付其他證券，是因為購併者已經無法募集到額外的現金，或不願意繼續發行股票。另一些情況下，合併證券則是被當做一種交易的「甜頭」，或做為拍賣競價狀態下的奇兵。

一般來說，沒有人想要這些合併證券。就如同羅德尼．丹格費爾德（Rodney Dangerfield）經常說的：「它們不太受尊重。」不妨這麼想。你在路上走著，心裡正盤算著自己的事情，突然聽到你手上持有龐大股票部位的「極點馬鈴薯」公司宣布了一樁購併案。「極點」與「頂尖」公司之間的合併，想必會產生明顯的綜合效應。頂尖公司同意購買你手頭上的極點股票，條件是現金二十二美元，以及頂尖面值三美元、票息九％的二〇一〇年到期債券。極點馬鈴薯目前股價為十六美元，所以這筆合併交易看起來很不錯。可是，等到合併交易結束之後，如何處理相關收穫呢？現金的部分很單純，可以考慮買進其他股票（譬如：通用馬鈴薯），或者到電視購物頻道大幹一場。可是，債券的部分怎麼辦——也就是頂尖面值三美元-票息九％的二〇一〇年到期債券？（這種債券會根據面值三美元支付九％利息，直到二〇一〇年為止。）

這個債券或許是很好的投資，但也可能不是。重點是——你根本不在意。你當初投資極點馬鈴薯，目的可能是因為你想擁有該公司的投資，也可能是因為股價便宜，或是因為預期購併案，但應該不是想擁有另一家公司發行的債券。所以，你很清楚自己會如何處理這些債券——賣掉就對了。不只想賣掉，而且你還希望能夠儘快脫手。事實上，持有這些債券，可能讓你覺得很不自在。因此你會打電話給經紀人，「我不要這些東西，馬上幫我換成真的鈔票。」

我們知道你打算怎麼做。可是，那些專業投資機構又準備如何處理呢？那些專家們可能會拿出計算機，開始計算相關債券的到期殖利率、利息保障倍數，詳細分析債券發行者與新的「馬鈴薯頂尖王」之間的綜效與策略地位。這些都是合理的反應，因為專業玩家支領高薪，原本就應該做這類的工作，不是嗎？嗯，不論聽起來如何，實際情況可能完全不是如此。它們也會賣掉債券——就跟你一樣——只是動作更快一些。

持有馬鈴薯公司股票的機構投資人，不僅無意取得新綜合企業發行的債券，大多數情況下甚至**不允許**持有這些部位。大多數的退休基金與共同基金，都只能做特殊領域的股票或債券投資；一般來說，它們只能做股票或債券投資，不能兼做兩者。即使能夠兼做股票和債券投資，新的頂尖公司所發行的債券也非常不可能剛好在它們的投資清單上。所以，凡是拿到合併證券的人，不論是個人投資者或法人機構，大概都會採取相同的行動：賣掉債券。

可是，這正是你的切入點（各位想必不會覺得意外）。這種情況跟拆分交易非常類似，因為大家都會不分青紅皂白地賣出合併證券，龐大的賣壓將創造出你的賺錢機會。不論是拆分股票或合併證券，這些東西跟原始投資通常都全然無關，因此收受者應該不會想要繼續持有。所以，不論其投資功能如何，拆分股票與合併證券通常都會被立即賣掉，所以此兩者通常都能讓你賺大錢。但願各位現在已經開始相信我說的話了，但為了防範萬一，讓我們再來看個現實世界的案例。

※個案研究

秀波食品（Super Rite Foods）

你是否曾經想過當個賺大錢的頂尖金融家？你可能以為，那想必需要很多錢？若是如此，合併證券可能是個值得琢磨的領域，只要花點巴士車票錢，你就能跟那些大亨們共襄盛舉。關於這種機會，好消息是相關資訊都會清楚記載於合併文件中——問題是，絕大多數人還是懶得看。

一九八九年一月，由秀波食品董事長領導的一批投資人，提議購買雜貨連鎖集團秀波企業（Super Rite）的股票，價格是十八美元現金，以及面值五美元、每年配息七十五美分（相當於面值的十五%）的新發行優先股。由於內部管理者想要買下市場流通的所有股票，這類交易通常稱為「下市私有化交易」（going-private transaction）。下市私有化交易特別值得重視，因為如果內部管理者想要取得相關公司的全部股權，那就代表他們相當看好公司的未來發展。各位如果有機會購買合併證券而參與這類交易的話，通常都值得深入研究。

以目前這個案例來說，根據報章媒體的資料顯示，秀波的四十七%股權實際上是由某家大型雜貨連鎖店來德愛公司（Rite Aid Corp.）所控制。秀波的董事長亞歷克斯．葛拉司（Alex Grass）是這筆交易的主導者，他也剛好是來德愛的董事長。葛拉司表示，由於來德愛董事會已經決議清算秀波的投資，他和他的管理團隊決定買下這些股權與整個公司。該團隊打算透過所謂的**槓桿收購**（leveraged buyout）完成這筆交易。這種技巧經常出現在下市私有化交易中，它也就是指一小群投資人運用購併公司做為抵押而融通資金來進行購併交易的做法。以目前這個案例來說，想要購買秀波的管理團隊只拿出少部分資金做為資本，剩下準備支付給秀波股東的每股十八美元現金，則透過貸款取得資金。除了支付現金之外，該交易還計畫讓新公司發行面值五美元的優先股給秀波股東。

這筆交易的基本構想是秀波的未來盈餘，足以清償貸款利息，並支付優先股同意支付的股息。（這種情況有點類似貸款購買辦公大樓：支付二十%頭期款，剩餘八十%價款透過抵押貸款取得，然後預期大樓未來的租金收入，足以支付貸款的分期付款。）秀波的未來營運如果成功的話，隨著債務清償與企業價值成長，管理團隊當初的資本投資也可以實現理想的報酬。關於這類的交易，股東委託說明書記載的內容都會特別詳細。因為一般的下市私有化交易，管理團隊與一般股東（目前這個案例，包括來德愛在內）之間往往存在明顯的利益衝突，所以證管會都會嚴格要求合併說明書的記載內容，確保所有的重要訊息都充分揭露。

自從該管理團隊在一月份宣布收購計畫之後，交易進行得不太順利，因為有其他買家介入競價，迫使秀波董事會公開拍賣公司。到了三月份，雖然還是由原先的管理團隊贏得交易，但收購價格顯著上漲，包括：現金25.25美元，面值二美元的新發行優先股，年度票息為十五%，還有購買私有新公司十%股權的**認股權證**（warrants）。由於收購價格的進一步細節資訊，要等到股東委託說明書送交給秀波股東才會充分揭露，所以現在只能牢記一項重要觀察：「嘿！收購價格不只是現金而已，還包括一些其他東西。這些東西是什麼呢？」

一般來說，這項觀察也是當你將來遇到秀波之類案例需要留意的。雖然《華爾街日報》與其他媒體都提到這些資訊，但是並沒有特別強調。這也是你之所以需要特別注意的理由。單單是知道收購者證券蘊含的非凡獲利機會，就能夠讓你佔盡優勢。雖然還有數以千萬計的投資人會閱讀到相同的報導，但你必須把整個注意力都擺在大多數人會忽略的地方。另外，由於絕大多數人都會是賣家，所以即使有更多人發現你的小秘密，那也無所謂，因為有足夠的收購者證券可供你運用。這就是這個系統的運作方式。只要在正確領域做些研究，就可以讓系統運作站在你這邊。

至於秀波交易，單是閱讀股東委託說明書的資料，就足以指點出未來的獲利門路。這份股東委託說明書在八月份開始流通，清楚揭露合併交易的條件，包括前文談到的兩種合併證券在內。現金25.25美元的部分很單純。面值二美元—年度票息十五%的優先股（股東委託說明書稱之為「高級累積可贖回—可交換優先股」，Senior Cumulative Redeemable Exchangeable Preferred Stock）則是稍微不同的故事。這個優先股之所以值得留意，是因為每股秀波股票才能取得面值二美元的優先股。相較於該交易支付的25.25美元現金來說，優先股的價值實在微不足道。基於這個理由，秀波股東更有動機拋售優先股，甚至完全不去理會其投資功能。

另一種合併證券——「不需支付代價」取得未來公司十%股權的認股權證——看起來就更有趣了。一般的所謂認股權證，是按照特定價格購買公司股票的權利。就目前這個認股權證來說，所謂的特定價格是零，認股權證持有者實際上就等於是跟槓桿收購內部管理者站在一起的股東。秀波股東所擁有的每股秀波股票，都有權利取得相同數量的認股權證。由於這些認股權證在收購案結束之後就會公開進行交易，任何想要參與這個槓桿收購交易的人，都可以在公開市場購買秀波股東出脫的認股權證。根據股東委託說明書的資料顯示，秀波股東每持有21.44股秀波股票，就能取得一股認股權證。根據秀波聘請的投資銀行所做的評估顯示，這部分認股權證的價值介於二十五～五十美分之間。假定秀波股東會毫不思索地賣掉優先股，對於價值更低的認股權證，想必更沒有理由不賣掉了。

事實上，合併案完成的好幾個月之後，仍然可以相當便宜地取得這些認股權證。（每股認股權證都可以購買一股秀波管理團隊新成立公司的股票。）由於需要21.44股的秀波股票，才能取得一股認股權證，所以認股權證價格六美元（這段期間的平均交易價格），相當於每股秀波股票才能取得價值二十八美分的認股權證（6÷21.44＝0.28）…嗯…幾乎沒有任何意義。認股權證目前交易價格雖然是六美元，但其真正價值如何呢？關於這個問題的答案，閱讀股東委託說明書將會有很大的幫助。

在「某些預測」（Certain Projections）標題之下，秀波管理團隊預測三年之後，秀波最近開發的新客戶所額外創造的銷貨量，每年將超過八千萬美元。根據這部分資料顯示，管理團隊所建立的新公司，到了這個時候，其每股稅後自由現金流量盈餘將有五美元。（什麼是自由現金流量？跟盈餘很類似，但更好。還是搞不懂？沒關係——稍後請參考本書第七章的解釋。）即使是很保守地按照每股現金流量的十倍估計合理股價，每股新公司股價應該也有五十美元。在這樣的情況下，目前交易價格六美元的認股權證，到時候的價值也將是五十美元（因為每股認股權證可以免費認購一股新公司股票。）對於這類的長期預測，我向來都抱持著高度懷疑的心態，但就這個案例來說，管理團隊既然買下這個事業，想必對於其未來營運很有信心。另外，即使這家新公司三年後的實際價值遠低於每股五十美元，對於認股權證持有者來說，獲利空間畢竟還是很大。總之，如果現在按照六美元買進認股權證，即便從投機的立場來看，機會還是非常好的。

至於在合併案完成之前，買進秀波股票的展望如何？九月份，就在合併案即將結束之前，如果按照25.50或二十六美元價格買進秀波股票，就可以更便宜取得認股權證和優先股。當合併案完成時，由於每股秀波股票可以取得現金25.25美元，假定我是按照二十六美元買進秀波股票，那麼我就等於是花七十五美分買進面值二美元的優先股與認股權證（或至少是二十八美分價值的認股權證）。可是，基於某種理由，這筆交易如果最終告吹，那麼秀波股價就有可能會跌回到十七美元或更低的價格。再加上我每投資二十六美元，只取得價值二十八美分的認股權證，考慮到這裡，直接購買秀波股票似乎不太可行。所以，唯一的可行之道，還是直接在公開市場購買認股權證（或者還有優先股）。

最後結果如何呢？簡單說，很順利。合併交易完成的兩年後，秀波股票又決定公開上市。股票上市交易之後，當初價值六美元的認股權證，價格已經超過四十美元。優先股的表現也很好。合併交易完成之後的幾個月內，優先股交易價格約為面值的五十～六十％，等到股票公開上市時，優先股價值已經是面值的一百％。（這部分報酬還不包括優先股每年支付的十五％票息在內。）記住，投資槓桿收購交易，風險通常頗高。可是，一般個人散戶罕有機會與管理團隊或企業大亨一起進行投資，甚至更少有機會可以透過掛牌交易證券與折扣價格進行投資。

下次再遇到合併證券，務必深入研究囉！

※ 個案研究

派拉蒙（Paramount Communication）／維亞康姆（Viacom）

好吧，既然大家興致都來了，那接下來就讓我們觀賞這場近六個月來媒體頭版新聞持續報導的爛戲拖棚收購戰吧。很幸運的是，這場戰鬥最後在價值數十億的合併證券大海中收場。媒體雖然廣泛報導這場派拉蒙戰鬥，但大多數投資人還是錯過了這個賺錢的大好機會。

一九九三年九月，維亞康姆同意運用現金和股票購買派拉蒙公司。維亞康姆是一家綜合媒體業者，老闆是森納．萊德史東（Sumner Redstone）。萊德史東擁有許多事業，其中包括有線電視服務（譬如：MTV、點唱機、Showtime頻道）、有線電視系統、廣播電台、電視節目傳送與製片部門。大多數分析師認為，維亞康姆購併派拉蒙是非常恰當的，因為派拉蒙是電影的主要製片和經銷商，而且製作電視節目，擁有出版社（西蒙與舒斯特〔Simon & Schuster〕）、更多的有線電視頻道、電視台與兩個職業運動隊伍。對於維亞康姆而言，派拉蒙特別具有價值的地方，是其擁有過去許多電影和電視節目的龐大收藏，而且還可以藉此取得未來派拉蒙的影片和電視節目。

可是，福斯電視創辦人與QVC家庭購物頻道董事長巴利．狄勒（Barry Diller）也想擴張其媒體帝國。就在維亞康姆宣布購併派拉蒙的一個禮拜之後，狄勒也參與競價。經過五個月的競價戰爭，維亞康姆終於獲勝，但購併條件也跟著水漲船高。這段期間裡，為了提升競爭實力，維亞康姆宣布合併百視達（Blockbuster Entertainment）。這個合併案預定的完成時間，就緊跟在成功購併派拉蒙之後。由於整個合併交易涉及的企業知名度都很高，再加上協議過程所涉及的律師、投資銀行家之間的權謀運作，相關報導又經過媒體渲染，因此普遍受到人們注意，一直到一九九四年二月塵埃落定為止。這個時候，維亞康姆已經取得派拉蒙的50.1%股權。這場競爭雖然已經結束，相關報導也慢慢從新聞頭條淡出，但合併案醞釀的獲利機會才剛開始浮現。

這個合併案必須等到一九九四年七月派拉蒙股東會議舉行之後才可能告一段落。由於維亞康姆已經在二月份取得派拉蒙的50.1%股權，所以股東會議同意合併案只是形式的問題而已。當時還不太確定的，是取得剩餘49.9%股權的付款方式。購買派拉蒙股票的付款可以分為兩部分，第一部分是以現金支付，第二部分也就是所謂的合併尾款部分，則幾乎完全不支付現金。《華爾街日報》雖然提到付款方式，但沒有特別詳細說明，派拉蒙每股的尾款支付部分，內容包括（一）維亞康姆普通股，（二）維亞康姆的可交換次級無擔保公司債，（三）**或有價值權證**（contingent value rights，簡稱CVR，每股維亞康姆可以取得一股CVR），（四）按照每股六十美元購買維亞康姆的三年期認股權證，（五）按照每股七十美元購買維亞康姆的五年期認股權證。

合併交易的所有相關資訊與整個合併證券的內容，都呈現在六月份公佈的派拉蒙股東委託說明書內。這些資訊很容易取得，但大多數股東似乎都不想弄清楚箇中內涵。派拉蒙的股東們大多只想取得娛樂綜合企業的股份，也就是購併企業的股票。對於這些股東來說，維亞康姆普通股或許頗具吸引力，但可交換無擔保公司債、或有價值權證（CVR），以及兩種認股權證，恐怕都會立即被賣掉——他們甚至根本懶得閱讀股東委託說明書，也完全不考慮其投資價值。即使是維亞康姆普通股，雖然是派拉蒙股東最可能繼續持有的證券，但到時候的市場賣壓也會相當可觀。根據股東委託說明書顯示，為了完成這筆合併交易，維亞康姆普通股發行數量可能增加為三倍。

股東委託說明書雖然內容繁雜、陳述冗長，但有關於合併證券的說明則很簡要。事實上，如果你只想知道「這些玩意兒究竟是什麼？」那只要閱讀「派拉蒙合併考量」（Paramount Merger Consideration）的三頁內容就可以了。結果，我發現，每種合併證券都相當有趣，這應該不至於讓人覺得意外吧。

舉例來說，如果同時購買維亞康姆普通股與或有價值權證（CVR），就能創造一種特別的投資機會。CVR可以協助擔保維亞康姆尾款支付證券的價值。維亞康姆在前述競價戰爭之所以能夠勝出，很可能就是因為這項擔保工具的功勞。CVR的運作方式如下：合併交易完成的一年後，維亞康姆普通股價格如果低於四十八美元，則維亞康姆將彌補CVR持有者相關差額（舉例來說，合併交易完成的一年後，維亞康姆股價如果是四十四美元，則每股CVR將獲得四美元彌補；維亞康姆股價如果是三十八美元，則每股CVR將獲得十美元彌補）。

所以，每購買一股維亞康姆普通股，同時購買一股CVR，就可以確保這組投資在合併完成一年後的價值至少為四十八美元。到時候，如果維亞康姆股價高於四十八美元——譬如說，五十五美元——那麼CVR就會變得毫無價值，而兩種證券的整體價值即為五十五美元（超過擔保價值四十八美元）。事實上，在合併案完成後不久，我們就可以按照三十七美元買進一股維亞康姆普通股與一股CVR，這組投資看起來頗為可行，因為可以確保一年後的價值起碼為四十八美元——三十%的年度化報酬率，而且上檔獲利潛能還沒有受到限制。

喔！我忘了提到其中一個小細節：CVR的最高彌補金額為十二美元；所以，維亞康姆股價如果跌到二十五美元，加上CVR的彌補金額十二美元，總共也只有三十七美元，投資人還是虧本。另外，維亞康姆可以延伸CVR的付款日期——但只適用於付款金額超過十二美元的情形。

除了前述說明之外，CVR還涉及一些其他規定與內容。我在商學院裡並沒有學到CVR，也沒有在任何書籍裡讀到有關CVR的內容。沒有人告訴我可以買進CVR。我只是在股東委託說明書裡讀到CVR的運作方式。可是，我也因此擁有了優勢，因為我知道了一些其他投資人不知道的東西。我擁有的最大優勢，是我知道：**檢視合併證券內容將讓我享有優勢！**派拉蒙購併案就是很典型的例子，投資人只要願意去瞭解，就能掌握其中的賺錢機會。當然，CVR並非這個合併交易所涉及的唯一合併證券，另外幾種也頗值得留意。

另一種證券也很有趣：按照七十美元購買維亞康姆普通股的五年期認股權證。這種證券的持有者，在未來五年期間內，有權利按照七十美元購買維亞康姆普通股。一九九四年七月（也就是維亞康姆把這種認股權證分派給派拉蒙股東的時候），維亞康姆普通股交易價格為每股三十二美元，所以按照七十美元購買股票的權利似乎不怎麼吸引人。關於這種情況，我們也可以從另一個角度來思考。容我說個故事。有位農夫被國王判了死刑。

這位農夫說，「國王陛下，請你饒恕我吧！只要你願意讓我再活一年，我就會教會你的馬匹說話。」

國王說，「沒問題，」國王心中琢磨著，「如果你能夠在一年內教會我的馬匹說話，那我就會放了你。」

離開皇宮的時候，有個衛兵把農夫拉到一旁問他，「你怎麼會告訴國王說，你能夠教他的馬說話？一年之後，我相信你會被斬首！」

農夫回答，「那可不一定。一年的時間很長。這段期間裡，國王可能改變心意。國王可能死掉。那匹馬可能死掉。我可能死掉。誰知道？過了一年，搞不好那匹馬真的就會說話了！」

一年之內如果有可能發生很多事，誰知道維亞康姆股票在五年後會怎樣！不要忘了，維亞康姆為了購併派拉蒙公司，大量舉債；經過這種槓桿收購運作，如果維亞康姆資產能夠顯著增值，普通股的增值空間是很可觀的。另外，維亞康姆的老闆萊德史東為了讓這筆合併案成功，幾乎押下了他全部數十億財產做為賭注。還有，就在十個月前，維亞康姆股價還曾經有每股六十美元的價格。最後，由於這些都是**合併證券**，交易價格幾乎一定便宜。此處雖然談到五年期認股權證為何吸引人的種種理由，但還沒有談到其中最重要的理由。

根據股東委託說明書，五年期認股權證持有人，有權利在五年期間內，隨時按照七十美元買進維亞康姆普通股。對於普通的認股權證來說，持有人可以拿七十美元現金交換維亞康姆普通股。可是，此處討論的並不是普通的認股權證，因為持有者還另有選擇。除了支付現金七十美元之外，持有者也可以支付面值七十美元的另一種派拉蒙合併證券。哪種合併證券？就是前文談到的第（二）項：可交換次級無擔保公司債。

重點是，就在合併案完成後不久，這項合併證券價格的交易價格為面值的六十％。換言之，如果我想購買面值七十美元的這種證券，我只需要支付四十二美元（70×60％=42）。所以，根據股東委託說明書的規定，如果買進前述五年期認股權證，我就可以拿目前價值四十二美元的合併證券去交換維亞康姆普通股。讓我稍微整理一下。維亞康姆的目前價格為三十二美元，我的五年期認股權證可以在往後五年內，按照四十二美元價格——而不是七十美元——買進維亞康姆股票。如果我沒有仔細閱讀股東委託說明書內有關合併證券的內容，我就不會知道有這種機會存在。

各位如果還想更進一步瞭解，就會發現這其中還有其他文章。維亞康姆與百視達預定的合併案如果完成（實際是如此），前述認股權證的條件又會發生變化，而且可交換次級無擔保公司債的價值也會顯著上升。各位想必不想知道太多繁複的細節，但重點是：不論情況如何發展，同時買進認股權證與信用債券是絕對可行的。

容我重複強調，這筆交易所涉及的程序或許很複雜，但這個案例本身並不重要。真正重要的是，我並沒有在學校裡學到這一切，也沒有人告訴我派拉蒙合併證券存在那麼多古怪的條款。可是，我知道應該去閱讀股東說明書有關合併證券的內容。股東委託說明書會一一解釋這些證券的運作方式。各位將來碰到的合併證券，想必內容與條款也會截然不同。可是，重點是：**記得要好好閱讀！**各位只應該投資那些你瞭解的、真正值得投資的。當然，只要知道合併證券是值得留意的投資機會，你就已經享有優勢了。即使是類似如派拉蒙這種高知名度的購併案，大多數投資人還是不懂得掌握機會。由於大多數購併案都很難得到媒體的長期報導，這也就難怪大多數合併證券都被忽略了。很幸運的是，這類案例通常都不會像派拉蒙合併案這般複雜，內容很容易瞭解，但除非你願意花時間去閱讀相關資料，否則終究無法掌握這方面的大好賺錢機會。

合併證券——務必深入研究——喔！我好像說過了。

摘要總結

1. 風險套利——否！
2. 合併證券——是！
3. 直角三角形斜邊長的平方，等於另兩邊長的平方和。（補上這點，是因為本章摘要總結的內容太短了。）

第五章

但願血流滿地的不是你——破產與重整

破產

破產，破產保護…是的，朋友們，這就是我們在本章所要談的主題。不論怎麼說，破產聽起來都不像是機會。事實上，破產有可能是機會…也有可能不是。投資世界的角落，存在著一些處於破產階段的企業，此處充滿機會，但也隱藏地雷。關於這個領域的最適當處理方式，或許就應該如同我父親所說的，保持開放的心胸，但不要在頭上開一個洞。處於某種破產階段的企業，其證券的訂價經常不合理，但這並不意味著所有破產相關證券的價格都便宜。

相反地，談到破產領域的投資活動，你自己如果不想也跟著破產，那就只能精挑細選了。當我們討論過（並刪除掉其中一些）破產世界的一些替代性投資管道之後，各位就知道如何挑選出自己適合在其中活動、搶食、尋找機會的場所了。

企業有可能會基於各種理由而申請破產保護。爛公司只是其中之一。其他還包括：管理不善、擴張過度、政府管制、產品缺陷責任、產業環境變遷…等。很多情況下，尤其是在最近一、二十年內，很多賺錢、具有吸引力的企業，經常因為槓桿收購或合併而被迫申請破產。在這些案例裡，有些是因為產業景氣循環的限制，而沒辦法按時清償債務。有些則是因為對於未來展望太過於樂觀，使得原本不錯的企業被迫申請破產。其中那些本質不錯而信用過度擴張申請破產的案例，往往是特別值得留意的投資機會。

不論你對於某特定企業的看法如何，凡是剛申請破產保護的公司，通常都不該考慮投資其普通股。投資人若擁有破產公司的普通股，其破產清償優先順序一定落在最末端。破產企業一旦要清算資產，公司員工、債權銀行、債券持有人、生意往來債權人（供應商）、稅捐機構⋯等的排序都在股東之前。企業依據聯邦破產法第十一章規定而申請破產保護，主要精神就是讓破產企業與債權人取得某種協議，使其得以繼續維持正常營運。破產企業通常都有時間進行重整，但一家企業即使能夠重整成功，大概也沒有什麼東西可以留給破產前的股東了。話雖如此，但我們看到的破產企業普通股，價格經常還是明顯高估（通常沒有合理根據）。價格之所以高估，可能是因為絕對金額偏低，投資人無知，投機客不當預期等。可是，這種現象究竟因何發生，並不重要，重要的是要記住：購買破產企業普通股，絕對稱不上是有利可圖的投資策略。（各位如果覺得錢太多而不知道如何花費，不如跑去多買幾本我的著作，重複也沒關係。）

所以，既然不該購買破產企業的普通股，那應該買些什麼呢？答案——還有很多其他東西。首先，是破產企業所發行的債券。在某些情況下，這類債券的交易價格只是面值的二十％或三十％。一家公司經常同時發行多種不同類型的債券：高級擔保債券、高級無擔保（信用）債券、低級債券、無擔保債券、零息債券，還有天知道的什麼債券——所有這些債券的請求權各自不同，交易價格也不同。然後，還有銀行債務工具。沒錯，銀行債務工具。過去幾年來，破產企業的違約銀行貸款隱然成為交投相當活絡的市場。有不少經紀商專門提供這類問題銀行債務工具的交易。當然，銀行債務工具也有各種不同類型：高級、擔保、無擔保⋯等，不同類型各有不同清償順序，交易價格也不相同。在某些情況下，銀行債務工具價格也只是原始貸款價值的一小部分。

除此之外，還有生意往來請求權（trade claims），這是公司申請破產之前，供應商提供物料、商品或服務而尚未獲得付款的請求權。這類請求權的買賣，結構雖然相當複雜，但有些經紀商專門針對這些問題請求權提供交易市場。

你雖然**可以**購買破產企業的債券、銀行債務工具或生意往來請求權，但這並不代表你**應該**購買。在正常的破產申請過程中，有各種法律與財務問題有待解決，不只是債務人和債權人之間的關係，還有各種等級債務人之間的清償優先順序需要慢慢釐清。這類協商程序經常必須針對個別企業與案例處理。有些人非常擅長這個領域的投資，對於破產程序所涉及的法律與財務問題有著豐富的經驗，他們經常被稱為**禿鷹投資人**（vulture investors）。可是，很多情況下，在破產申請的早期階段，可供參考的資訊非常有限，各種法律、財務、時間上的問題都非常不確定，即使是最頂尖的專家往往也只能憑藉經驗猜測。另外，這個領域就如同風險套利一樣，近一、二十年來，變得相當擁擠、競爭劇烈。雖然破產企業仍然提供很多好的投資機會，但除非各位願意花時間與精力而成為這個領域的專家與全職研究者，否則最好另循其他賺錢管道。

往哪裡尋找？嗯，我會告訴你的。我既然跟各位談論到破產證券，就不會讓各位浪費時間，不是嗎？我當然早有腹案。

破產程序一旦發展到某個時候，所有複雜的議題都會獲得解決。我們可以透過一些公開的檔案，查詢破產程序處理的摘要總結，包括管理團隊對於企業未來營運的預測和看法。你會有機會買進這些證券，因為某些人就是不想擁有，急著想賣出（就如同拆分交易與合併證券一樣）。

總之，時機一旦成熟，機會就會出現，而你確實可以在這個領域裡大展身手。所以，對於那些仍然處於破產程序的企業，其證券投資確實存在各種複雜考量和風險，但企業一旦脫離破產程序，經常就有機會成為嶄新而我們較熟悉的投資對象。破產企業債務工具——不論是銀行債務工具、債券，或生意往來請求權——的持有者，通常都沒辦法在破產程序裡獲得現金償付。企業如果會申請破產，大概都沒有太多現金可供調度。那些最高級債務工具的持有人，或許可以獲得一些現金償付，但其他債務持有人恐怕就只能把破產前的請求權交換為公司證券，通常是新發行的債券或普通股。所以，剛脫離破產程序的企業，股東與債券持有人大概都是過去公司的債權人。至於公司申請破產之前的舊有股東，他們通常都會被徹底勾消，或是取得價值微不足道的認股權證，或是些許的普通股。

你的機會來自於分析這些新普通股。這些股票開始進行交易之前，所有關於破產程序、企業過去之營運績效，以及新資本結構等方面的資訊，都必須充分揭露於說明文件。這些檔案必須向破產法院申報，也可以取自個別企業、私營資訊服務機構（參考本書第七章）。在某些情況下，證管會也提供相關企業申報的上市登記報告書（registration statement）。相較於一般新上市股票申報的上市登記報告書，這些揭露文件提供的資訊更多，因為其中包括管理團隊對於企業未來營運的展望和預測。總之，這些文件將解釋破產程序的複雜經歷，以及未來可能的發展（至少在管理團隊方面已經儘可能釐清）。可是，此時這些企業的新股東可能已經完全不在乎了。

這些新股票最初是發行給過去的債權銀行、債券持有人，以及生意往來債權人，所以我們有充分理由相信，這些新股東並不打算長期持有新股票。基於種種不幸的境遇，這些先前的債權人被套牢在這些投資上。因此，我們有理由相信他們急於解套。事實上，我們可以合理推測，這些銀行、債券投資人與供應商大有理由儘快拋售他們的持股。這種情況雖然很可能發生，而且也經常造成便宜的投資機會，但談到投資過去破產企業新發行的普通股，我不得不重複強調以下的珍貴建議：務必挑選你擅長的領域。（注意：人們可以分為三種——會算的，不會算的❷。）

如果隨機購買這些破產企業新發行的普通股做為投資組合，長期績效恐怕不太樂觀。我們相信這不能跟拆分交易相提並論，理由有幾點。首先，這些企業當初申請破產，並不是沒有原因的。有些公司經營的行業本身可能有問題，或在該產業裡不具競爭力，或市場占有率逐漸喪失。有些企業可能缺乏資本，甚至經過破產程序處理債務之後，仍然無法有效經營。再者，企業經營的生意如果很容易轉讓出售的話，大多數債權人在該公司當初申請破產之前，就已經迫使業者出售生意了。所以，這些歷經破產而重生的企業，其條件或素質或許不會太好，股票的長期表現也應該會反映這方面事實（雖然那些真正有問題的企業，甚至連申請破產的機會都沒有，因為它們早就被清算了。）

即時如此，但我們仍然相信，在迫切賣壓與不受歡迎事業的雙重影響下，這類股票最初的交易價格應該會有偏低的狀況。事實上，有篇發表於一九九六年的研究報告顯示，這些經過破產洗禮的新股票，表現顯著優於整體市場。這份研究涵蓋的期間由一九八〇年到

❷**譯按：原文為**（Note: There are three kinds of people — those who can count and those who can't.）

Edward Altman, Allan Eberhart, and Reena Aggarwal, "The Equity Performance o Firms Emerging from Bankruptcy," New York University Salomon Center and Geogetown School o Business Working Papers, May, 1996.

一九九三年，破產企業新發行股票的表現，相較於相關市場指數，最初兩百天的交易表現勝出二十%以上。可是，這項統計數據的解釋必須小心，尤其是運用於某些較大型的破產企業時，更要多加留意。（根據這份研究資料，表現最佳者往往來自於市場價值最低者。所以，對於大型投資人來說，恐怕無法複製這份研究的結果。）

過去幾年以來，有一群前文提到過的專業投資人——禿鷹投資人——愈來愈活躍於破產市場。這些投資人買進那些仍然處於破產程序之企業的銀行債務、債券，以及生意往來請求權，試圖運用這些破產前債務，交換新發行的股票和債券，然後高價脫手賺錢。換言之，這些人購買破產企業的債權，然後試圖「創造」價值較高的新股票。從這種角度來看，這些新發行股票在流入傳統股票市場之前，已經先被「禿鷹篩選過」。

既然如此，為何還要費事尋找那些剛脫離破產的新發行股票呢？雖然禿鷹環伺，但市場上還是存在訂價不當的新發行股票。首先，這些禿鷹雖然擅長破產相關的財務與法律事務，但其時間架構、觀點與立場，則未必與投資人重視的長期價值相同。另外，禿鷹也不可能買盡所有的破產企業債務證券。所以，還是有許多銀行、債券持有人、供應商會成為這種股票市場的主角，他們擁有為數眾多的股票等著拋售。

其次，還有華爾街的因素。這些人不是經營慈善事業，也不是某些古代的游牧民族，他們不會免費工作。一般來說，企業股票如果要公開上市，需要很多經紀人幫忙推銷股票給客戶。他們當然是想賺取高額的手續費。那些負責承銷的經紀商，會立即安排研究部門追蹤相關股票。行銷部門也會全國巡迴招商，進行所謂的「路演」（roadshow）。相形之下，對於這些剛脫離破產糾纏的新股票，華爾街業者通常興致不大。他們沒有推銷股票的動機，沒有手續費，就沒有研究報告，也沒有巡迴招商。所以，這些股票經常被稱為「孤兒股票」（orphan equities）。由於股東只想暫時持有，又缺乏華爾街的贊助，這些股票通常要花很長一段時間，價格才能真正反映企業的經營實力。

所以，這些股票經常訂價不當，但我們又該如何區別真正爛股與真正便宜的股票呢？嗯，想要避開麻煩，最好的辦法就是聽從華倫．巴菲特的指示：只投資好事業。如此可以大幅縮減考量範圍。如同前文曾經提過的，凡是因為購併交易而信用過度擴張，結果導致破產申請的企業，這類股票就值得考慮。有些企業本身的經營績效很好，只是因為信用過度擴張或碰到短期問題而週轉不靈。這些企業的盈餘可能還在繼續成長，只是成長速度不符合預期，結果被迫申請破產保護。有些涉及購併的企業，它們之所以申請破產，可能是因為所支付的購併價格過高。

一家好企業有可能會為了解決產品責任訴訟案件而申請破產保護。這類責任如果是源自停產或獨立生產線，通常就可以透過破產程序解決法律訴訟，使得相關企業得以重生。瓦特工業（Walter Industry）就是很典型的案例，該公司營運非常成功，但仍透過破產程序解決石棉產品責任的問題。在某些情況下，企業有可能會透過破產程序結束不賺錢的生產線，但繼續保留一、兩個賺錢而具有未來展望的部門。這也是一種可行的策略。玩具反斗城（Toys R Us）就是從洲際百貨公司（Interstate Department Stores）申請破產而出現的成功事業。

最後，各位如果想要到貧民窟裡掏寶的話（換言之，不採納華倫．巴菲特的建議），也可以挑選那些看起來實在便宜的股票。這些股票可能不是經營最受歡迎的事業，但基於破產程序營造的動態力量，股價相較於同業可能非常便宜。這類新股票的價值可能相對被低估，因為華爾街專業分析師還沒有開始追蹤、機構法人尚不瞭解，或者公司仍然沾染著破產的污名。另一些情況下，投資人可能覺得新資本結構雖有改善，但風險仍然過高；對於這類股票，顯著的財務槓桿正是賺錢契機，前提則是未來仍有營運績效。

基於另一種理由——市值太低，孤兒股票的價格也可能嚴重被低估。規模太小的企業，無法吸引禿鷹投資人，因為這類企業能建立的部位實在太小，投資人認為不值得投入大量時間與精力。基於相同理由，專業分析師與機構投資人也不會在這些股票上面浪費時間。所以，這些都是真正的孤兒股票，在獲得投資人青睞之前，股價可能長期偏低。

可是，對於絕大多數投資人來說，最好還是堅持那些具備優良條件或素質的企業：具有顯著利基市場、品牌、經營特權或產業地位者。如果能夠把華倫．巴菲特的投資概念引用到一群華爾街專家們忽略的孤兒股票上，想必是勝算很高的機會。

大家都上車了嗎？很好，現在我胸中的肺腑之言已經一吐為快了（更別提我心裡的良心話），接下來就讓我們去掏寶吧！

※ 個案研究

標準醫療公司（Chartered Medical Corporation）

我投資了一家前景充滿不確定的事業（抱歉了！巴菲特）。我知道自己正在冒險，但價格與上檔潛能實在令人難以克制。於是，我一腳踩了進去。

一九九二年十二月的標準醫療公司，有好幾個地方看起來深具吸引力。當然，就在幾個月之前，該公司剛走出破產程序，屬於典型的孤兒股票。普通股剛開始重新掛牌交易時，最高價曾經來到八美元，最低價則為4.75美元，而當我注意到這支股票時，價格稍高於七美元。標準醫療經營七十八家精神科醫院（還有十家傳統的內/外科醫院），按照目前股價觀察，相較於同業，其價值似乎被嚴重低估。可是，該公司的負債雖然經過破產程序顯著刪減，目前水準仍然相當可觀。從另一個角度來看，這種財務槓桿也大幅提升了標準醫療股價的上檔潛能。關於這家企業，另一樁吸引人之處，是內部經營者持有顯著比例的股權，包括普通股與選擇權——如同各位讀者所瞭解的，我很喜歡這種現象。

問題是標準醫療的經營環境相當困難。一九八八年，標準醫療當時曾經透過某管理團隊領導的槓桿收購交易而下市，往後就承受保險機構和醫療管理單位等方面的壓力，要求刪減其經營成本。在該公司申請破產保護之前四年期間裡，病患平均住院天數（在保險公司願意支付的最大範圍內），從將近三十天減少到二十天以下。這對於公司收益與現金流量顯然造成重大壓力。由於標準醫療經過槓桿收購交易，並進行重大資本支出計畫，負債已經累積超過十億，當時根本不可能按時清償債務。一九九二年六月，當標準醫療提出「預先打包破產申請」（prepackaged bankruptcy petition，意味著債權人大致同意）時，該產業經營狀況仍然高度不確定。破產計畫造成的「唯一」差別，是標準醫療的債務將由破產前的十六億美元減少為九億美元，公司過去的債權人將成為重整公司的大股東，至於舊有股東的股權則將被稀釋至微不足道的象徵性水準。

關於股價評估，我曾經查閱某些最值得對照比較的醫療連鎖業者（明顯涉入精神科醫療服務者），我認為標準醫療的合理股價應該在十五美元附近，而不是目前（一九九二年十二月）的七美元。標準醫療所呈現的股價差別，可能是因為其精神科領域的曝險程度較高。另外，信用擴張也是重要因素之一，而且申請破產的污名仍然存在，當然還有孤兒股票所面臨的普遍困境——股票拋售賣壓、華爾街專業忽視等——所以造成股票交易價格偏低。

可是，我認為，前述各種理由都無法合理說明標準醫療股價呈現的重大差異。根據該公司申報的上市登記報告書預測，以及截至一九九二年九月的盈餘績效估計，標準醫療的營運狀況很穩定。該公司計畫控制成本，建構行銷網路招攬新病患，提升精神科服務的門診病患，希望這些措施能夠彌補住院期間縮短對於營收的影響。前述計畫看起來進行得相當順利。另外，公司方面也表示要出售傳統醫院部門；如果能夠辦到這點，投資人對於信用過度擴張的疑慮就可以顯著舒緩。最後，經過簡單的核算，標準醫療的每股應該可以賺取2.5～3美元的自由現金流量（本書第七章會說明何謂自由現金流量）。總之，標準醫療公司雖然負債仍然嚴重，產業經營環境持續變動而不確定，但每股七美元的價格看起來實在便宜——不論從絕對水準，或從同業比較的相對水準而言，都是如此。

隨後一年，標準醫療的經營相當順利。成本受到控制，病患人數增加，門診業務持續成長，傳統醫院部門高價售出。另外，華爾街專業分析師也重新發現標準醫療公司——最後股價成長了三倍，我的投資也獲利了結。事實上，關於賣出股票的決定，我有些幸運。我如果沒有趁著這段大好行情賣掉股票，那麼這部分投資在隨後三年裡也都沒有繼續成長。關於隨後的表現不彰，或許也還有什麼是值得學習的。

賣出——知道何時該持有，何時該賣掉

現在可能是討論投資方程式另半邊——何時該賣掉股票——的適當時機了。談到如何賣出，就不免凸顯買進的容易之處：你可以在便宜的時候買進，下檔有限的時候買進，被忽略時買進，內線人士有顯著動機時買進，當你擁有優勢時買進，當大家都不要時買進——買進

的決策顯得很合理。可是，賣出卻相當棘手。什麼時候應該賣出？簡單說，我不知道，但我知道一些原則。

相較於一般股票來說，某些涉及特殊交易事件的股票，決定什麼時候賣出的決策，通常就簡單得多了。這是因為這些股票的買進機會，時間架構相當明確。譬如說，拆分交易、合併證券，以及剛脫離破產程序的新股票，它們都屬於特殊事件所創造的買進機會。當相關事件逐漸揭露而發展到某種程度之後，就可以期待市場已經能夠體認這些股票的合理價值了。當最初吸引你買進的相關因素或屬性逐漸獲得市場普遍體認或反應時，你原本擁有的優勢便將顯著喪失。這種程序有可能會進行好幾個星期或甚至幾年。而引發賣出的動機，有可能是因為股價顯著上漲，或是企業基本面發生了變化（換言之，公司的表現不符合預期）。

你應該等待多久才賣出呢？這個問題也不容易回答。可是，有個準則對我蠻有用的：不好的就短線操作，好的就長期投資（Trade the bad ones，invest in the good ones）。不，這個準則所蘊含的功能，絕對不同於威爾．羅傑斯（Will Rogers）的著名建議：「買進，等待價格上漲，然後賣出。價格如果沒有上漲——那就不要買。」我所謂「不好的就短線操作，好的就長期投資」，是指當你買進便宜的對象時，必須判斷你所買進的是怎樣的企業。如果這家企業屬於艱困產業內的某一般企業，你之所以買進，是因為特殊事件創造的便宜機會，那麼等到該股票之屬性獲得普遍認同時，就應該準備賣出。就標準醫療公司的案例來說，雖然在我買進之後，該公司的盈餘持續成長，但企業營運的困難與不確定性仍持續存在。等到股價逐漸反映華爾街專業分析師與媒體的正面評價時，我就決定賣出了。這方面決策並沒有涉及到什麼科學方法。股價看起來仍然很便宜，但標準醫療公司所經營的行業並非我想要長期投資的對象。這筆交易之所以能夠獲利（雖然遠超過一般水準），主要是因為我掌握了機會，低價買進一般投資人最初忽略的孤兒股票。

反之，美國運通（American Express）的營運展望與市場利基頗獲得我的認同，所以我把該公司視為長期投資對象。各位或許還記得，美國運通是前文討論某拆分交易的母公司。就我看來，拆分事業雷曼兄弟的不可預測性，彰顯了母公司所經營兩種主要事業的吸引力：簽帳卡與財務顧問服務。拆分交易進行之前，按照九倍本益比購買該企業，看起來是低價買進好公司的難得機會。因為美國運通看似擁有很好的事業，我相當願意長期投資這家公司。當然，這筆投資最終能夠獲利，那是因為特殊企業結構變動促成的，也就是拆分交易創造的低價買進機會。可是，我的獲利仍然有很大部分是來自於美國運通營運成功。最終，股票市場願意用更高的本益比來評估美國運通持續成長的盈餘。

正常情況下，我沒有能力找到價格夠低而且又值得投資的好事業。華倫．巴菲特可以辦到這點，但很少有人可以跟他相提並論。不過，只要專心觀察這些經歷特殊企業結構變動的公司，從中尋找便宜的買進機會，我偶爾也會碰上一些好的長期投資對象。這類特殊企業事件所創造或揭露的便宜機會──就是吸引我進場的關鍵。至於決定我停留多久的，則是這些事業的素質與性質。所以，不好的就短線操作，好的就長期投資。各位如果引用這個準則，再配合威爾．羅傑斯的建議，或許你就能走得相當長遠了。

企業重整

企業重整（corporate restructuring）是涉及特殊變動的另一個領域，這通常不是發生在最好的狀況下，但還是有可能創造投資機會。「企業重整」可能代表的意思很多，但每當我們談到重整，絕對不是意指枝節方面的小調整，我們談論的是大變動，譬如說，出售或關閉整個部門，而且不是一般的部門，我們談論的是主要部門，至少對於整個公司來說，是個非常重要的大部門。

企業重整當然是經常發生的事件，也是資本主義經濟體系必然會產生的痛苦現象。此處，我們準備觀察和討論的重整類型，將提供最明確的投資機會：某些企業為了遏止虧損、清償債務，或專注經營更具獲利潛能的業務，決定出售或關閉主要部門

主要的企業重整為何會創造投資機會呢？主要是因為所出售或清算的部門，原本可能掩蓋了該企業的隱藏價值。讓我們舉個簡單的例子來說明。某綜合企業的每股盈餘為二美元，股價為二十六美元，本益比為十三倍。事實上，盈餘二美元是由三種業務所構成，其中兩種賺錢，一種賠錢。如果兩種賺錢部門創造的盈餘為三美元，另一個賠錢部門造成一美元損失，這其中就蘊含了機會。如果能夠處理掉虧錢部門而不至於引起負面效應，該企業的盈

餘就可以立即成長為三美元。股價二十六美元的本益比也由原來的十三倍下降到九倍以下。在很多的情況下，出售或結算虧損業務，還可以幫公司帶來收入。若是如此，這個投資機會當然就更棒了。

和拆分交易所創造的效益類似，企業若出售主要部門，往往能夠讓事業營運更專注，讓公司與股東受惠。所以，企業經過重整之後，管理團隊可以專心經營展望更好的事業；另一方面，市場對於企業的評價也可能因此提升。這看起來雖然有點違背直覺（因為很多情況下，重整經常涉及失敗的生意），但企業進行重整，經常是由多數股東主導的。企業除非處於極端艱困的狀況，否則很少能夠決定出售主要部門。企業管理者之所以提出重整計畫，通常都是著眼於股東利益。

與企業重整相關的投資機會，主要有兩種。第一種是在企業已經宣布重整**之後**。由於這種交易所具備的特殊性質，因此即使在消息宣布之後，市場還是沒辦法立即理解這類重大行動可能產生的影響，所以經常還有很好的機會。一般來說，資本市值愈小的企業，（追蹤的專業分析師與機構法人也比較少），機會通常比較多，可供運用的時間也比較長。

另外一種，則是考慮那些重整條件已經成熟的企業。這種投資機會比較困難。我通常不會故意尋找這類機會，但機會有時候就是會從天而降。重點是你必須能夠辨識這類的潛在重整對象。如果你覺得很明顯，那麼很多管理者（尤其是持有龐大股票部位者）也會有類似想法。

至少下一個案例的情況就是如此。

※ 個案研究

格林曼兄弟（Greenman Brothers）

關於這筆交易，功勞應該記在幾個人身上。第一個是我太太，她發現了這個機會，其次是彼得．林區，他是始作俑者。

我太太是個全職母親，偶爾兼職律師，我經常設法吸引她對股票市場產生興趣，但始終不知道進度如何，直到她有天返家帶回來一樁了不得的調查成果。距離我們住家不遠處，我太太發現一家販售兒童教育玩具和工藝品的專賣店。她非常欣賞這家店的經營氛圍和概念，於是向店長請教這家叫做Noodle Kidoodle的商店是否屬於掛牌上市公司（她顯然認真執行了彼得．林區的建議）。她獲得的答案是，這家商店屬於格林曼兄弟公司擁有，後者在美國證券交易所掛牌交易。她向我敘述這段故事的過程之後，我要她稍微停下來休息一下。我告訴她，我高興得想哭，需要找張面紙。當然，我是半開玩笑的。

稍做調查之後（我還能期待我太太提供更多嗎？），我發現格林曼是一家勉強賺錢的公司，專門經銷玩具、家庭用品與文具等。事實上，格林曼是在製造商與七千多家零售店之間扮演中間人的角色。Noodle Kidoodle商店是該公司新開發的事業；這個店面如果經營成功的話，該部門就準備大幅拓展。就我看來，這個經營概念深具發展潛力。當我太太邀我第一次拜訪這家店面時，我發現整個擺飾、獨特商品與客戶人群都不斷高呼，「嘿！這裡太棒了！」根據我的想法，這個概念如果能夠成功運作於附近五個或十個店面，那就沒有理由不能推展成為全國的一百家或兩百家店面。這正是彼得．林區一直強調個人投資者應該隨時留意的零售店概念類型——由於我太太的緣故，我現在有幸踏進這個領域！

一般來說，碰上這類機會，我根本不在意自己怎麼想。太棒的概念了！夢幻新產品！這可能是特大號全壘打！我偶爾也會有這類的想法，但我總是莫名其妙地忽略它們。每當我們有機會透過股票市場投資這類偉大概念或產品時，通常都必須支付相對應的價格。股價本益比可能是二十倍、三十倍或五十倍。本益比甚至可能是無限大——換言之，這類新企業還沒有盈餘可言；只有「概念」，沒有銷貨！對於這種快速成長（成長潛能快速）的高本益比股票，我總是保持敬而遠之的態度，這可能也是我永遠沒機會投資下一個微軟（Microsoft）或沃爾瑪百貨（Walmart）的原因。可是，關於零售概念或新科技，正因為我不認為自己是個金融怪傑或預測專家，所以也避開了很多賠錢的機會。就我看來，這種待遇是相當公平的，如果能不賠錢，結果通常就不錯。

既然如此，關於Noodle Kidoodle與格林曼的投資機會，我似乎沒有理由繼續在這裡攪和吧？我是不是只想安慰我太太（通常很明智，雖然未必是有利可圖的策略）？當然不是。如同我瞭解的，格林曼主要從事經銷業務。這個行業賺的錢不多，但好消息是股價只不過五塊多美元，格林曼的每股帳面價值則有八塊多美元。帳面價值代表資產（歷史成本入帳）扣除負債的公司淨值。格林曼如果不能運用這些資產賺更多錢，那麼這些資產又能有多少價值呢？身為批發商，以及製造商與零售商之間的中間人，格林曼根本不需要太多廠房設備之類的固定資產。格林曼的資產大多是現金、應收帳款，還有最近購買的商品存貨——這類資產通常很容易轉售。

根據我的想法，格林曼經營這種沈悶而勉強賺錢的經銷業務，掩蓋了某個偉大的零售新概念。格林曼股價目前還不到六美元，顯示股票市場根本沒有認同Noodle Kidoodle的展望。由於格林曼已經宣布計畫，準備擴展這方面連鎖商店（假定最初幾家店面經營成功的話），新的零售業務最終應該會完全取代經銷業務的營運潛能與獲利。問題是，即使零售業能夠充分發展，我所希望看到的業務推展仍需要大量資金。由於格林曼幾乎沒有負債，資金融通想必沒有問題。我還想到另一種籌措資金的管道：Noodle Kidoodle如果能夠成功，格林曼可以考慮出售經銷事業。即使是二十五％的折扣，格林曼八美元的帳面價值起碼也能拿到六美元。甚至就算是四十％的折扣，我的投資還是絕對不會有問題。

可是，等等，我曾經說過，我不喜歡投資這類涉及新概念、快速成長的企業。事實上，我或許應該說：我不喜歡在這種投資上賠錢。我不希望只因為自己一頭熱地預測某事業的未來成長潛能，於是就支付高本益比做投資，最終卻招致虧損。就是這類的投資讓我覺得很不自在。至於目前這個案例，根據Noodle Kidoodle所蘊含的龐大發展潛能觀察，股價還不到六美元，我實在不認為價格會過高。依我看來，這家連鎖商店成功的機會無窮──而且價格正確。

不可否認的是，人們對於Noodle Kidoodle第一家商店的熱情反應有可能會快速消散，同業競爭有可能太過劇烈，教育性玩具的趨勢發展也可能有地區性而未必適用於全國，流行可能只是曇花一現。可是，由於支付的價格不高，投資即使失敗，我相信虧損也不會太嚴重。我也不太擔心格林曼的經銷事業可能突然轉差。經銷業務目前沒有賠錢，但將來如果開始賠錢，就其資產性質判斷，格林曼應該很容易出售其經銷業務，並全心經營Noodle Kidoodle。所以，不論從哪個角度看，還有我所支付的價格，實在看不出來有發生重大虧損的可能。至於上檔獲利潛能呢？這倒不敢說，但海削一筆是絕對可能的。

結果如何呢？隨後一整年裡，股價沒啥動靜，最高七美元，最低四美元。在這段期間裡，Noodle Kidoodle的經營很順利，格林曼宣布一九九五年底之前再增加十五個店面，店面總計為二十家。另一方面，經銷業務則有惡化趨勢。到了一九九五年五月，也就是我開始做投資的一年之後，股價通常還是低於六美元。這個時候，格林曼做了一項宣布：它們正在調查出售經銷業務的可能性。新聞稿提到，格林曼出售經銷業務可以「釋放資本，用以支持Noodle Kidoodle的事業成長。」突然之間，格林曼不再是老態龍鍾的經銷商，儼然成為動力十足的發動機。股價在兩個月內就上漲到十一美元，四個月內上漲到十四美元。而我在則十美元和十一美元出脫了所有的股票。

嘿，各位可以罵我膽小鬼，但我還是必須賣掉股票。格林曼已經成為熱門股。我掌握的優勢已經不在了——而且我又懂得什麼飆漲股呢？畢竟還是可能出各種差錯。如果格林曼真想賺錢，Noodle Kidoodle還需要開上很多個二十家商店。誰知道消費者偏好會如何變化，同業競爭又會多劇烈。總之，這波股價大漲之後，格林曼已經成為讓我覺得很不自在的股票。企業重整已經揭露了我當初看到的隱藏價值，故事已經傳開了，我最初擁有的優勢已經消失了。

關於這筆投資，其中當然也涉及運氣成份。格林曼可以延後企業重整，甚至根本不做重整。我如果要調查每家**可能**進行重整的企業，恐怕要一直等下去——而在等待過程裡，我的投資報酬恐怕不會太樂觀。關於格林曼案例，我覺得有三個特別具有吸引力的特點。下檔有限，顯然是特點之一。這個概念已經被我們談爛了，但「安全餘裕」原本就應該是主要考量。其次，格林曼是個即將進行重整的業者。就此而言，如果出售經銷業務，Noodle Kidoodle將會是個具有吸引力的可行事業。至於第三個特徵，則是某些催化事件啟動了格林曼的發展。格林曼展現了某種嶄新的熱門概念，如果能夠成功推展，就需要大量資金。由於經銷事業持續惡化，或許有助於業者決定進行重整。

總之，如果想故意去尋找**潛在的**重整對象，恐怕是一樁相當艱難的挑戰。對於大多數投資人來說，我不認為那是值得一幹的事情。另一方面，「如果看到了，就必須認得出來」則是該有的期待。對於那些當初促使你產生興趣的事業，務必確定其規模相較於整體企業必須夠大，如此一來，重整成功也才足以發揮影響力。這類的機會雖然很少，但如果能夠碰到適當機會，而且能夠在重整成功之前介入，就很有可能賺大錢。

當然，企業如果直接了當地表示要重整，那就簡單多了。所以，你的重整投資機會大概都會來自這個領域。即使是在重整已經宣布之後，你仍然有很多時間可以做研究，也還有無窮獲利潛能。事實上，我們即將討論的下一個案例，我是在股價已經上漲三倍之後才介入的。很幸運的是，對於我們這些慢來者，它還是保留著很多的獲利空間。

※個案研究

通用動力（General Dynamics）

我第一次注意到通用動力公司，是在一九九二年六月。通用動力是美國國防部的主要承包商之一，根據《華爾街日報》報導，該公司準備買回一千三百萬股自家普通股。這些股票大約佔該公司總發行股數的三十%。這個購股計畫準備採用荷蘭標拍賣收購（dutch auction tender）。根據這項公開收購，股東有機會按照65.375美元到七十五美元的價格賣回股票給公司。通用動力將根據實際的收購股數與價格，最後決定某統一價格買回全部的一千三百萬股票。凡是收購價格等於或低於該價位者，都可以按照該價格收購。

瞭解整個收購案的情況之後，我發現細節資料並不特別重要。閱讀新聞報導與收購文件

（向證管會申報者）之後，大致瞭解通用動力去年以來進行的整體計畫。由於美國的國防預算減縮，再加上蘇聯政權加速瓦解，通用動力決定大幅修正其營運哲學。威廉·安德斯（William Anders）是早期阿波羅號的太空人，目前是通用動力的領導者，他推動企業重整計畫，營運重心完全擺在少數幾項核心事業。一九九一年二月開始推動的新計畫，包括涉及二十三位公司高級主管的股票獎勵計畫。當時，通用動力股價約二十五美元。到了一九九二年六月份宣布荷蘭式拍賣收購計畫，也是我第一次注意到這支股票時，股價已經上漲到七十一美元；公司股東已經大賺一筆，企業高級主管的獲利也超過了兩千萬美元。

既然已經發展至此，為何不乾脆走開呢？我顯然已經太遲了——事實上，不只是太遲而已；股東們已經開始「潛逃」，甚至跑了第二批或第三批了。所以，我還想幹嘛？嗯，我發現收購文件封面上的某些資料相當令人鼓舞，內容提到管理階層對於股票買回計畫的參與程度。即使股價已經大漲，但管理階層並沒有試圖通過拍賣收購計畫賣回股票給公司的現象。就我看來，這些最熟悉公司發展狀況的內部管理者，他們仍然認為股價是低估的。所以，買回價格如果仍然顯著低估，那麼就表示後續發展仍然可期。簡單的算術可以告訴我們，如果低價大量買回股票，對於既有股東來說，股價上漲潛能將非常可觀。另外，股東人數減少之後，公司價值如果成長，效益將更集中，受惠程度也更顯著。

另一個令人鼓舞的徵兆，則來自於重整計畫本身。這套計畫不僅合理，執行進度也頗為顯著，但距離最後完成還有一大段路程。根據收購文件資料顯示，在「背景與事業策略」

標題之下，通用動力擬定了明確的經營計畫。管理團隊「相信美國的國防工業如果得以存活，則國防工業的產能就必須大幅刪減，所以等到整個產業經過合理化的整頓之後，唯有那些市場領導者才得以繼續有效營運。」根據這個原則，通用動力挑選四個核心部門，做為未來發展的目標。該公司計畫「繼續投資與強化」這些事業，手段包括「結合其他可能業者，成立新事業而排除超額產能，購併相關事業，如果必要，也要出售事業。」通用動力所保留的所有事業，凡是屬於「非核心者」，根據計畫都必須出售。

原則上，通用動力將長期持續進行重整，包括其非核心事業部分，顯然都必須出售，至於核心事業，也要持續進行重整。過去一年來，通用動力已經出售了電腦事業，還有另一個大型附屬機構西斯納飛機製造公司（Cessna Aircraft Company），獲取價款大約八億美元。另外，就在幾個月前，該公司又宣布出售飛彈事業，預料可以再取得價款四億五千萬美元。根據收購文件資料顯示，一九九三年的年底之前，處理非核心事業的整個工作將告一段落。銷售價款將分派給通用動力的股東。另外，由於計畫銷售的事業約佔整體事業的二十％以上，根據稅法規定，股東分派價款應享有特殊優惠待遇。

以上討論可以歸納到我對於通用動力感到興趣的最後一項理由。關於這個重整機會，我雖然很遲才介入，而且股價已經大幅上漲，但價格看起來還是便宜。所有這一切，甚至包括花費九億五千萬億美元收購買回股票，刪減未來的盈餘，通用動力看起來還會有高達十億美元的現金要退回給股東——或運用於核心事業的整頓。把這些預期分派給股東的現金從股價上扣減，我就可以估算出通用動力核心事業的淨價格。我採用保守的估計，也就是根據其他對照國防承包商的股價，取四十%的折扣之後，用以估計通用動力的股價。按照該公司處理計畫所呈現的專精性質，還有管理階層計畫持續重整的核心事業，我不認為前述估計折扣能夠繼續保持。觀察該公司的經營績效紀錄與管理團隊獎勵績效後，我相信重整計畫代表的價值，遲早會充分反映在股價上。

結果呢？情況發展甚至遠超過我的預期。從一九九二年七月開始，該公司按照每股72.25美元價格買回一千三百萬股，把在外流通股票減少到三千萬股之下。不到兩個星期之後，又發生讓每個股東大感窩心的消息：華倫·巴菲特宣布他打算取得四百萬股通用動力股票，大約佔十五%股權。（所以，我投資的是好股票。即使像華倫·巴菲特這樣的投資人，偶爾也會被這類特殊狀況股票吸引。）雖然獲得這位偉大投資人的肯定，人們仍然有充裕時間可以購買通用動力股票，因為在巴菲特宣布買進的兩個月期間內，股價繼續交易於七十五美元到八十美元之間。從結果來看，投資人如果決定在這個時候進場，仍然是明智之舉。

非核心部門事業持續出售，一九九二年十二月，通用動力宣布出售其核心事業之一的戰術航空部門，價值高達十五億美元。這個部門雖然屬於當初屬意的核心事業，但其出售仍然符合收購文件上強調的整體計畫精神：「持續調查如何強化」每個核心事業的方法，採用手段包括「結合其他……相關事業……或出售事業。」隨後一年裡，每當出售事業，宣布分派股利，我就重新演算最初的價值評估。每個步驟都顯示通用動力剩餘事業的價值與營運績效持續改善。到了一九九三年底，通用動力的重建程序已經創造了每股五十美元的配股，而且在經過配股之後，股價仍然上漲超過九十美元。所以，每股價格總共增值超過一百四十美元，相當於十八個月內上漲超過一倍，而且這一切都發生在我閱讀公司的要約收購交易之後。

所以，沒錯，我來得太遲。可是，就目前這個案例來說，遲到總比不到好。當然，不是每個重建計畫都會進行得如此順利。當策略展望發生變化（配合某種有利的市況發展），市場對於股票的價值評估竟然可以發生如此重大調整，在短短三年之內，股價由每股二十五美元上漲到超過一百四十美元。近年來，企業管理者承受更大的壓力，覺得有必要更專注於本業營運，因此也更能得到投資界的瞭解。我們經常聽到相關報導，某些企業透過拆分交易或銷售不相干事業而進行重建。通用動力的經驗只是個極端案例，通過這種程序揭露企業隱藏的價值。

摘要總結

1. 破產
   a. 破產有可能創造出獨特的投資機會——但要懂得挑選。
   b. 原則上，不要購買破產企業的普通股。

c. 破產企業的債券、銀行債務，以及生意往來請求權都可以是理想的投資對象——可是，首先要辭掉本職工作，專心做這方面的研究。

d. 結束破產程序企業新發行的股票，往往值得投資；就如同拆分交易與合併證券一樣，有些賣家迫不及待想要出脫股票，形成龐大賣壓。

e. 除非價格不可抗拒，否則要投資好的事業——如同戴蒙．倫揚（Damon Runyon）說的，「賽跑未必快者得勝，戰鬥未必強者為贏，但賭注通常應該這麼下。」

2. 賣出門道

a. 不好的就短線操作，好的就長期投資。

b. 還記得前一章談到的畢氏定理嗎？它雖然不能告訴你什麼時候賣出，但我們至少知道該陳述是對的。

3. 重建

a. 企業重建有可能會揭露出可觀的價值。

b. 尋找那些下檔有限而具有吸引力的企業，最好是管理團隊有積極動機介入經營。

c. 對於潛在的重建狀況，也要尋找具有帶動力量的催化事件。

d. 重建部分的事業規模必須夠大，足以影響整個公司的運作。

e. 聽從配偶的意見。（遵循這項建議，雖然未必能創造資本利得，但獲得股利是沒有問題的。）

第六章

用「小錢」玩「大錢」——

資本結構調整、存根股票、長期選擇權、認股權證與選擇權

第三章所談到的拆分交易，光這部分資訊就已經夠你值回書價了。至於第四章和第五章的合併證券、企業破產與重建等相關討論，更可說是物超所值。但我知道，你還想要更多——更多風險，更多報酬，更多鈔票！

好，沒問題，我還是會繼續幫助你。但老實說，你不是那種我想跟你打交道的人。如果你期待我扔一把萬用瑞士刀組合給你，那我只能說——你想太多了，真的。

資本結構調整與存根股票

一家企業可以透過重新調整（recapitalize）其資產負債表的方式，幫股東們創造價值。一九八〇年代，資本重整（recap）是華爾街相當盛行的一種操作，這種做法往往能夠有效對抗惡意購併，或安撫公司股東。一般來說，所謂的資本結構調整交易，指的是企業運用現金、債券或優先股為工具，用以買回大量自身普通股的做法。另外，企業也可以透過股利方式，直接分派現金／證券給股東。經過資本結構調整之後，結果通常是成為槓桿化企業，而原始股東則仍然相同。目前，資本重整的流行程度，雖然已經大不如前（主要是因為一九八〇年代末期到一九九〇年代初期之間，有太多高槓桿化企業申請破產），但我們仍然有充分的理由，好好學習這方面的操作。關於這部分的內容，我們稍後再談。

首先，讓我們先仔細看看何謂資本重整。假定XYZ公司目前股價為每股三十六美元。

基於股東權益考量，公司決定進行資本結構調整，準備分派價值三十美元的新發行債券給股東。就理論上來說，如果分派三十美元給股東之前的股價為三十六美元，那麼分派之後，普通股價值應該就只剩下六美元左右──若是如此，資本重整就沒什麼了不起了。可是，情況並非如此單純。

實務上，資本重整會創造出額外的股東價值，理由有幾點。第一，槓桿化資產負債表會呈現出稅金優勢。進行資本重整之前，假定XYZ的每股稅後盈餘為三美元，股價為三十六美元，本益比為十二倍。假定該公司適用稅率為四十％（包括州政府稅金在內），那麼稅前盈餘應該是五美元（稅前盈餘五美元，稅金二美元，稅後盈餘三美元）。現在，讓我們看看資本重整如何影響資產負債表。

假定分派給股東價值三十美元的債券，票息為十％，那麼債券每年利息就是三美元。由於利息費用可以抵稅，所以XYZ的新稅前盈餘是二美元（原本的稅前盈餘五美元，利息費用三美元）。假定稅率仍然為四十％，稅後盈餘將是1.2美元。所以，經過資本重整之後的XYZ普通股（經常稱為存根股票，stub stock），股價如果仍然是六美元，則本益比就下降為五倍，變得稍嫌太低了點。

當然，XYZ公司進行資本重整之後，存根股票可能不再適用十二倍的本益比。公司的負債增加，畢竟會讓股東承擔更多風險；股東承擔更多風險，自然要求回報，所以存根股票適用的本益比**應該**會下降。可是，應該下降多少？這很難說其中有什麼科學，但新的本益比如果是八、九倍，應該蠻合理的。若是如此，存根股票價格就應該大約在十美元左右（本益比8.33倍），結果資本重整創造的價值，大約就是每股四十美元（三十美元的債務與十美元的存根股票）；相較之下，資本重整之前的股價原本是三十六美元。

這是不是有點不合理？XYZ的資產畢竟沒有變化，企業的銷貨與盈餘能力也沒有變化。股東額外取得的四美元價值來自何處？資本重整是否只是魔術？還是這就叫做所謂的「財務工程」？倒也不是！

關鍵在於稅金。進行資本重整之前，五美元的稅前盈餘，其中三美元給股東，二美元繳納稅金。經過資本重整之後，三美元為債券利息支付給股東，1.20美元為存根股票的盈餘，所以股東總共取得4.20美元的盈餘，高於資本重整之前的三美元。政府收取的稅金也從原本的二美元，減少為資本重整之後的0.80美元。所以，這並不是魔術。以股東分派的盈餘來說，資產負債表經過槓桿化（但信用不至於過份擴張）之後，節稅效率就變得更高，因此企業價值當然也應該提升才對。

一般來說，當我們在媒體上看到有關資本重整的報導時，相關消息通常都已經正式公佈了。所以，在我們有機會投資之前，XYZ股票進行資本重整的效益（四美元）已經反映在市場上。雖然如此，但資本重整還是提供了賺錢的機會。舉例來說，相關的資本重整如果把債務或優先證券直接分派給股東，這種情況就有可能演變為類似合併證券的獲利機會。原本擁有XYZ普通股的人，未必想要擁有優先證券。因此，當股東取得這些新發行證券時，就有可能出現盲目拋售的情況。當然，對於這類獲利機會，讀者已經相當熟悉了。可是，關於資本重整的其他獲利機會，那又是另一個故事了。

存根股票是企業進行資本重整之後所遺留下來的股票。存根股票可供投資，而且蘊含著賺大錢的機會。原則上，存根股票的投資，就如同投資槓桿收購公司股票一樣。很多槓桿收購公司可以創造出五倍或十倍的獲利，而存根股票往往也能提供這類驚人的報酬。沒錯，我們也見過一些失敗的槓桿收購公司；同樣地，我們也看過存根股票價值蒸發。可是，只要有一樁成功的案例，其獲利經常就足以彌補很多虧損。事實上，綜觀整個股票市場所有可能創造的驚人報酬，我們可能找不到任何足以和存根股票相提並論的賺錢機會。

存根股票為何能夠創造如此驚人的獲利呢？答案很簡單：一切都蘊含於數字之中。前文曾經談到槓桿化企業投資的各種效益和風險，回顧其中的算術，就不難理解機會所在。以前文所提到的XYZ公司例子來說，假定公司的稅前盈餘成長二十%，從每股五美元增加為六美元。假定沒有進行過資本重整，四十%稅率將造成稅後盈餘為每股3.60美元。就本益比十二倍計算，二十%的盈餘成長，將促使股價將由三十六美元上漲到43.20美元。

假定XYZ進行了資本重整，故事就不同了。同樣假定稅前盈餘成長二十%而成為六美元，扣減支付給股東的利息三美元，課稅所得為三美元。支付四十％稅金之後，存根股票的稅後盈餘為1.80美元。如果繼續引用稍早的本益比8.33倍，XYZ股價應該是十五美元——相較於原來的存根股票價格十美元，成長率為五十％。另外，由於XYZ的稅前盈餘成長二十％，其支付利息費用的償債壓力減輕（相較於盈餘成長之前），所以股票風險降低。這種情況下，合理本益比可能由8.33倍上升為十倍。因此，存根股票價格可能是十八美元（1.8×10=18）；換言之，相較於原來的十美元，股價將成長八十％。結果，我們可以看到，企業盈餘成長二十％，卻可能創造八十％的利益。所以，如果成功的話，槓桿化資本重整可以變得很有趣，而且賺大錢。

不幸的是，如同我稍早說過的，投資人現在已經不太容易碰到存根股票的賺錢機會。至少，資本重整的做法現在已經退流行了。可是，各位如果仍然覺得投資槓桿化股票的概念十分誘人，我倒有兩種建議。第一，投資槓桿化拆分交易，其效果跟投資存根股票相同，而且這也是個非常值得探索的領域，只是我們已經討論過了。第二，也就是我在本章最初曾經做過的承諾：找到某種可以有效運用資本重整的方法。可是，由於大多數企業已經不再進行資本重整，所以你只能創造自己的資本重整。

在談論這個話題之前，讓我們先回頭看看一九八〇年代中期資本重整進行得如火如荼的黃金年代，瞭解一下這類交易實際上是如何運作的。

※個案研究

富美實公司（FMC Corporation）

富美實公司（FMC）是美國國防部的承包商，專門製造化工與機械產品。一九八六年二月，該公司宣布進行企業結構調整計畫，主要是因應惡意購併者的攻擊。評估各種可行方案之後，FMC董事會決定藉由資本重整來對抗潛在購併者的攻擊。根據計畫，資本重整的做法既可提升公司股價，也可以讓經營團隊與員工們掌握更多公司股權。如果資本重整能夠成功阻止購併者，管理團隊與員工們就可以繼續經營公司。

依據計畫，每股FMC股票可以分派七十美元現金，以及結構調整之後的一股新股票。可是，對於公司經營團隊與員工們來說，他們並不會取得前述現金付款，而是以每股持股取得結構調整之後新公司的四又三分之二股新股票。換言之，經過資本重整之後，公司管理團隊將擁有五又三分之二股存根股票。所以，經過結構調整之後，FMC內部經營者的持有股權，將由原先十九%增加為四十%。

剛開始，這項計畫似乎呈現出預期的效果。在相關的購併謠言傳開之前，FMC股價約為七十美元，到了資本重整計畫宣布時，股價上漲到八十五美元附近。這代表市場認為，流通股票獲得七十美元現金之後，存根股票價值約為十五美元。可是，購併謠言並沒有因此平息，隨後六個星期裡，股價繼續上漲到九十五美元附近。四月初，惡名昭彰的購併者依凡·

波斯基（Ivan Boesky）宣布，他已經取得FMC的7.5%股權。波斯基認為，這項企業結構調整計畫對於管理團隊太過慷慨，他打算在下個月舉行的股東會議中阻擾這項計畫。

一方面是為了因應波斯基的反對，另一方面是為了更顯著提升公司股價，FMC在幾個禮拜之後，宣布修改原先計畫。該公司表示，「因為經濟現況與市場條件顯示利率持續下降，還有市場對於相關計畫展現的強烈興趣，」FMC決定調整每股現金分派到八十美元。雖然調整了現金分配額度，但管理團隊與員工們原本打算持有的存根股票數量仍然維持不變。一九八六年五月初，FMC把股東委託說明書送交證管會，並預定隔月進行股東會議投票。

由於存根股票經常會創造重大獲利，所以我非常仔細地閱讀股東委託說明書。我對於「某些預測」的一些討論內容相當感興趣。管理團隊對於FMC的未來營運提出評估，包括八年之後可能的損益表、現金流量與資產負債表。如同我先前曾經提到的，我對於管理團隊的預測，始終抱持著強烈的保留態度，尤其是長達數年的預測。可是，對於目前這個案例，我不太在意。管理團隊畢竟沒有從資本重整之中拿走現金；他們放棄八十美元現金股利，藉以交換新公司的較大股權。更重要的是，管理團隊似乎看好FMC的未來展望，甚至把自身的財富與前途都賭上了。

根據前述預測，短短三年之後，FMC的預估每股盈餘就可以到達3.75美元，稅後自由現金流量大約是4.75美元。到時候，該公司的稅前盈餘超過年度利息付款的比率可能就會達到二：一，若以自由現金流量的十倍估計，存根股票價格可能是五十美元。若以FMC目前股價大約九十七美元計算（假定資本重整進行成功），扣減八十美元現金股利之後，存根股票價格為十七美元。所以，如果FMC的預測正確，這將是非比尋常的投資良機。

結果如何？大約在資本重整完成的一年後，股價就上漲到四十美元；到了一九八七年十月崩盤前，股價甚至一度觸及六十美元。可是，正如同古老諺語說的，槓桿化股票可以漲、也可以跌。一九八七年崩盤之後，股價一路跌回到二十五美元，然後又回升至三十五美元。至於我個人的情況呢？我並沒有真正參與到這筆交易。基於一些我現在已經想不起來的理由，大概是在資本重整完成的幾個月之後，我在二十六美元就出脫了所有的股票。或許我不是十分認同FMC經營事業的性質，或許我只是遵循了「不好的就短線操作，好的就長期投資」（也許只是一時想不開）。總之，我很高興自己錯失了這筆「有趣」的交易。

喔！我差點忘了。波斯基運用內線消息而取得了他想要的FMC股權。該公司後來控訴他強制要求資本重整計畫額外分派十美元股利。波斯基承認觸犯很多證券詐欺案（包括拿一整箱現金購買內線消息），最後還被關了好幾年。不過，波斯基終究還是達到了他的目標——各位如果能耐心讀到這裡，相信也一定能辦得到。因此，最後我要告訴各位，如何有效運用存根股票的相關知識，獲取其爆炸性的獲利潛能。

長期選擇權 LEAPS

如同我稍早說過的，各位也可以建構自己版本的存根股票。只要透過市面上數以百計的長期選擇權LEAPS（Long-Term Equity Anticipation Securities），你就可以建構出類似於資本重整企業槓桿化股票之風險／報酬性質的投資。所謂的LEAPS，實際上就是一種長期選擇權。「那很好，但選擇權又是什麼玩意兒呢？」不用太擔心。選擇權有兩種——買權（call）與賣權（put）——我們只準備討論買權。另外，我們所謂的買權，是指集中市場掛牌交易的買權。（如果這樣的說明，還是沒能讓你覺得好些，也請你繼續閱讀，因為這裡頭可是有賺大錢的機會喲。）

買權意味著持有者擁有權利——但沒有義務——在特定期間內，以特定價格買進某股票。所以，「一百四十美元買進IBM的六月份買權」就是讓持有者有權利在六月份買權到期前（該月份的第三個星期五），以每股一百四十美元的價格買進IBM股票。當買權到期時，IBM股價如果為一百四十八美元，則該買權的價值就是八美元，因為該買權有權利以一百四十美元價格買進價值一百四十八美元的股票。反之，買權到期時，如果IBM股價只有一百三十五美元，那麼該買權就會過期而失去價值。為什麼？因為在這種情況下，買權持有人絕不會按照一百四十美元的價格（一般稱為**履約價格**或**執行價格**）去買進價值只有一百三十五美元的股票。

一般來說，當股票市場開盤時，選擇權市場也會開盤。很多股票並沒有掛牌選擇權可供交易，但很多大型股票都有提供選擇權交易。所以，股票如果有提供買權，你就可以在開盤期間內隨時交易買權。前文我們已經解釋過買權在到期日的價值。問題是：買權在到期之前的合理價值如何？更明確來說，四月份的時候，距離買權到期還有兩個月，當時買權的合理價格為多少呢？（各位即使沒辦法精確判斷買權的價格，也應該知道其價值取決於哪些因素。注意：此處討論忽略股利因素。）

假定目前是四月份，距離買權到期還有兩個月，IBM股價為一百四十八美元。我們已經知道，到了六月份的第三個星期五，IBM股價如果還是一百四十八美元，買權價值就是八美元。可是，現在還只是四月份，因此這份買權的價值應該超過八美元才對。實際上，應該是相當接近11.375美元。為什麼？理由有兩點。第一，買權持有者雖然可以享有股價升值的效益，但在這兩個月之內，並不必真正支付一百四十美元。在六月份到期之前，IBM股價有可能繼續上漲十美元。如果真是如此，對於IBM股票持有者來說，他在四月份按照一百四十八美元買進IBM，就可以獲利十美元。可是，如果他在四月份按照八美元買進買權，投資人也同樣可以在兩個月內賺取十美元。（買權到期時，買權持有人可以按照一百四十美元買進IBM，然後按照一百五十八美元賣出IBM，如此就可以淨取得十八美元的價款，扣掉當初購買買權的八美元，獲利為十美元。）這種結果顯然不公平。

為了取得相同的獲利，股票持有者就必須實際支付一百四十美元，但買權持有者也同樣掌握IBM升值潛能，卻不必支付一百四十美元。所以，買權價格應該反映一百四十美元資金在兩個月內的融通利息成本。假定利率為六％，一百四十美元的利息融通成本就大約是每股1.40美元（140×0.06÷12×2=1.40）。所以，除了買權已經具備的**內含價值**（intrinsic value）之外，買權價格還必須反映持有人未支付價款所應計的利息才對。這裡所謂的內含價值，也就是買權已經呈現**價內**狀態（in the money）的金額（以我們的例子來說，買權履約價格為一百四十美元，IBM股價為一百四十八美元，買權已經進入價內狀態，具備八美元的內含價值）。所以，買權價格除了內含價值八美元之外，還要考慮1.40美元的利息成本，價格大約是9.40美元。

可是，前文提到該買權的交易價格，大約是11.375美元。這與9.40美元之間還有大約二美元的差距，這又是怎麼回事呢？這意味著持有買權還享有其他的效益。沒錯，正是如此。買權持有者頂多只會損失他購買買權所支付的價款，這種損失可能性本身雖然不是什麼了不起的效益，但如果與直接持有IBM股票比較起來，則又不同了。選擇權在六月份到期時，IBM股價如果跌到一百四十美元，買權持有人將損失11.375美元。IBM股價如果跌到一百三十美元，買權持有人承擔的損失仍然是11.375美元。事實上，不論IBM股價是跌到一百二十美元、或者甚至是八十美元，買權持有人的損失都依然是11.375美元。這聽起來很不錯，不是嗎？

只要對照相同的情況，看看IBM股票持有者會如何，結局就應該很清楚了。假設在四月份按照一百四十八美元價格買進IBM。六月份選擇權到期時，IBM股價如果是一百四十美元，損失就是八美元；股價如果是一百三十美元，損失則是十八美元；股價如果是一百二十美元，損失即為二十八美元；股價如果是八十美元，損失則為六十八美元。所以，持有買權擁有額外的效益——也就是到期股價如果跌到買權履約價格之下（一百四十美元），就不會再發生更多的損失了。這種效益值多少錢？就目前這個案例來說，大約就是值二美元。所以，如果願意支付這筆二美元的「保護費」做為買權價款的一部分，買權價格就會變成前文所談到的11.375美元。這二美元所承擔的，就是股價跌到一百四十美元之下的風險成本，實際上它也就是相同履約價賣權的成本（但前文已經承諾此處只討論買權——所以就不再多做說明了）。

總之，購買買權就如同在沒有擔保的情況下，融資買進股票。買權價格包含資金融通成本，還有「保護費」——所以，你並不是免費得到這一切，但你是透過擴大信用的方式，賭某特定股票未來的表現。「買權的價格」就是你有可能所要面臨的賭注損失。

所以，讓我們回到當初的論點——「創造你自己的資本重整投資」。擁有買權似乎頗類似於擁有存根股票。持有存根股票，等於是賭槓桿化企業的未來表現，而「存根股票價格」就是你可能所要面臨的賭注損失。以我們最初所談論的例子來說，企業股票價格原為三十六美元，後來藉由資本重整分派三十美元給股東，結果槓桿化之後的存根股票，其價格就會因為企業未來表現的變化而擴大反應的效果。盈餘只要出現區區二十％成長，存根股票價格就有可能成長八十％。反之，公司如果宣布破產，投資人的最大損失就僅侷限於存根股票的價格，而不包含他通過資本重整所取得的三十美元債務。

關於存根股票與選擇權，兩者之間雖然存在著類似的槓桿性質，但還是分屬於兩種截然不同類型的證券。選擇權具有一定的契約期限；契約一旦到期，就有可能會失去價值。而存根股票則仍然屬於普通股，有點像是沒有契約期限的買權（當然，發行公司如果倒閉，存根股票也會失去價值）。就是因為沒有契約期間的限制，所以存根股票特別具有吸引力。這也正是我們為何要藉由LEAPS（長期選擇權）來模仿存根股票投資的理由。

LEAPS雖然也有契約期限，這點仍然與存根股票不同，但契約期間可以長達兩年半。對於股票投資來說，兩年多是相當長的期間，已經足以讓股票市場去體認企業所發生的特殊變動（譬如拆分交易與企業重整），或是基本面的轉機（譬如盈餘成長或解決單一重大事件）。另外，對於很多等待人們重新發覺或重新獲得青睞的廉價股，兩年半的時間也相當充裕了。根據目前稅法的規定，購買LEAPS同樣適用長期資本利得稅。

當然，LEAPS沒辦法複製某些規劃完善之資本重整的動態功能。資本重整可以運用存根股票做為管理團隊與員工們的獎勵工具。存根股票所具備的價值成長潛能，可以有效激勵企業管理團隊與員工們的營運效率。另外，經過資本重整之後，槓桿化資產負債表可以立即享有稅金優惠待遇。反之，購買LEAPS顯然不會影響企業的稅金待遇。（可是，LEAPS價格隱含著利息成本，這部分利息費用將影響LEAPS持有者的稅金。）

反之，LEAPS也具備存根股票所沒有的重大優勢。你可以隨意交易數以百計的LEAPS，但存根股票的數量顯然很有限。即使是在一九八〇年代，可供交易的存根股票也很少。換言之，你可以從決策者的立場挑選出適合交易的LEAPS，而不是讓公司管理團隊決定哪支股票要進行資本重整而成為最佳槓桿化投資對象；所以，LEAPS可以成為非常有用的替代性投資工具。

存根股票的投資機會很容易察覺，因為企業會公開宣佈資本重整交易。至於LEAPS的投資，情況則不同。大多數情況下，有關LEAPS的投資決策，都是經常性研究程序的副產品。甚至在想到LEAPS之前，你可能會先注意到某種特殊狀況或價值低估的投資機會。唯有先通過這種投資程序的評估，你才會進一步思考如何挑選LEAPS在內的可供運用投資工具。我們最起碼能夠比較股票與LEAPS相關投資的風險／報酬關係，所以LEAPS是另一種可行的投資選項。

投資LEAPS可以賺多少錢？很多。不過，各位不必聽信我一面之詞。眼見為憑。所以，讓我們實際觀察LEAPS的槓桿與延伸時效，看看它們能夠如何幫我們擴大報酬。

※ 個案研究

富國銀行長期選擇權（Wells Fargo Leaps）

各位還記得嗎？我曾經說過，偶爾可以偷取別人的好點子？（你要知道：外面的世界其大無比；你不可能同時照顧好每件事情；不過，你最終還是得自己做好功課。）到了下一章，各位就會知道該去哪裡偷取珍貴的資料——我幫各位準備了一份清單，列舉了幾種值得參考的通訊刊物與基金經理人名單。可是，在此之前，讓我們先看看我從某份心愛的投資通訊《傑出投資人文摘》（Outstanding Investor Digest，簡稱OID）中偷來的想法。閱讀了這篇有關富國銀行（Wells Fargo）的精彩文章之後，我就決定偷取其中的想法。不過，由於深受激勵，我決定擴大信用操作，藉由該公司的LEAPS去做投資。以這個案例來說，由於LEAPS所提供的額外保障功能，使我能夠取得更好的風險／報酬關係。

一九九二年十二月，我閱讀了OID採訪我某位舊識布魯斯．伯克維茲（Bruce Berkowitz）的文章，他是雷曼兄弟的投資經理人。事實上，我認不認識這個人，根本無關緊要。他對於富國銀行投資案所提出的邏輯論述，本身就十分扣人心弦。富國銀行是加州地區最大的商業銀行之一，股價大約為七十七美元。當時，加州正處在一九三〇年代以來最嚴重的房地產大衰退，而富國銀行卻是當地從事商業房地產貸款的最大銀行。根據伯克維茲所提供的資料顯示，美國銀行—富國的最大競爭者—資產負債表列舉的商業房地產貸款只不過是每股四十八美元（股價本身為四十七美元）。反之，富國擁有的商業房地產貸款大約是每股兩百四十九美元（相對股價本身只有七十七美元）。另外，富國前一年提列的貸款損失準備為每股二十七美元，幾乎勾消了整個盈餘。一九九二年的前九個月，富國又提列了十八美元的每股損失。很多投資人都在懷疑，富國銀行是否能夠安然度過這波房地產衰退難關。

伯克維茲提出的投資概念很簡單。如果不計算貸款損失準備，富國的稅前盈餘大約是每股三十六美元。房地產行情如果稍微恢復正常，根據過去經驗顯示，每股貸款損失準備或許就會下降到每年六美元水準。若是如此，常態化稅前盈餘約為每股三十美元，稅後盈餘則為十八美元（稅率假定為四十％）。如果按照九～十倍本益比估計，富國銀行股價約為一百六十～一百八十美元（相形之下，目前為七十七美元）。現在的問題並不是富國銀行如何提升稅後盈餘到達每股十八美元的水準，因為富國已經具備這種賺錢能力，但因為提列特殊的貸款損失準備而受到影響。對於伯克維茲來說，真正需要考慮的問題是：應該如何正確看待貸款損失準備？情況究竟有多糟？

伯克維茲認為，富國銀行的財務狀況實際上還不錯。即使在資產負債表上已經被列入「不良」類別的貸款，但它實際上還是能繼續幫銀行賺取利息（可是，為了保守起見，正式盈餘並沒有包括這部分利息）。所謂的不良貸款，是指不符合標準的貸款，也就是沒有支付、沒有全額支付，或預期將來可能不清償本金或利息的貸款。所以，不良貸款並非沒有價值；這部分貸款約佔富國銀行整體貸款投資組合的六％，所創造的現金收益仍有6.2％。

當時，銀行的基本貸款利率為六%，富國銀行的資金成本約為三%（銀行支付存款戶的利息）。所以，「有問題的」貸款投資組合仍然可以幫富國銀行賺取大約六%的現金報酬。

換言之，富國銀行仍然可以從「不良」貸款中，賺取到龐大的利息收益，所以情況或許並沒有很糟。關於這些不良貸款，我們相信至少有相當成份的面值，最終會恢復其價值。事實上，根據伯克維茲所提供的資料顯示，富國銀行對於貸款歸類的態度很保守，截至目前為止，這些不良貸款至少還有五十%仍然按照規定清償本息款項。

另外，關於損益表報告與資產負債表提列準備的處理，富國都已經假定最糟情況的不良貸款投資組合，包括前兩年大量提列貸款損失準備，未來貸款損失準備佔銀行總貸款投資組合的比例為五%。由於目前被歸類為「不良」部分的貸款只有六%（記住，這些貸款還不算是全然損失），所以，幾乎所有的不良貸款都必須先變得毫無價值，或目前被視為「正常」部分的貸款必須顯著惡化，才會發生五%準備不足夠的問題。可是，根據富國銀行目前秉持的保守處理態度觀察，伯克維茲認為這種情況非常不可能發生。

敲定這筆交易還涉及另外兩個因素。第一是OID對於富國銀行與美國銀行所做的比較。就這兩家銀行來說，大多數投資人認為，美國銀行是比較保守的投資。關於加州地區所面臨的房地產危機，富國銀行的曝險程度雖然明顯較大（所以不良貸款比較多），但該銀行已經提列的貸款損失準備也超過美國銀行。雖然提列了這些準備，富國銀行的資本比率仍然超過美國銀行（有形淨值對總資產等），甚至根據其較高風險性質調整之後的情況也是如此。這是另一個徵兆，顯示富國銀行的情況並不如股票市場所認定的那麼糟。

第二個因素更具說服力。不論前述不良貸款、損失準備、貸款實際虧損如何，富國銀行在其一百四十年的經營歷史過程裡，從來沒有任何一年發生虧損。如果是談到盈餘的可預測性，大多數行業都無法跟富國銀行相提並論。一九九一年時，加州即使面臨著五十年來最慘澹的房地產市場，富國銀行仍然能夠賺錢。這意味著我可以賭富國銀行得以安然度過這段艱困期間，九～十倍的常態化本益比應該是合理而可行的目標（遠低於一般行業適用的水準）。總之，如果富國銀行真的能夠度過這波危機，每年提列的貸款損失準備就可以恢復正常水準，其股價應該可以翻上一倍。

整個分析看起來確實站得住腳，但我還是覺得怪怪的。我對於加州房地產市場又懂得多少呢？加州的情況如果急遽惡化，那又該如何？富國銀行看起來是可以度過這場暴風雨，但這場五十年一見的大雨如果發展為史無前例的洪水，那又該怎麼辦？當然，任何投資都不可能萬無一失。只要情況合理，風險／報酬關係夠好，那我還能要求什麼呢！

可是，且慢——銀行是一種相當古怪的動物。一般人從來都搞不懂銀行貸款的真正結構。它們的財務報表只能大致顯露出資產負債的概況。不過，就這方面來說，富國銀行也提供了一些足堪安慰的東西。該銀行提列的準備、不良貸款的「素質」，還有每年賺取高額報酬的能力，應該都可以有效緩衝未來可能發生的貸款損失。話雖如此，不論多麼些微，可能性畢竟還是存在，銀行的房地產投資組合還是有可能會破壞掉這筆看似神奇的投資。

這也就是我為什麼選擇投資LEAPS的理由。股票看起來雖然是很棒的投資——獲利很可能超過一倍，災難發生的可能性極低——但LEAPS顯然更棒。當時（一九九二年十二月），我可以購買「履約價格八十美元的一九九五年一月份」長期選擇權；所以，到期時間還有兩年多。兩年後到期時，我相信富國銀行是否能夠安然度過加州的這場房地產危機，情況應該已經明朗化了。到時候，一切如果進行得順利，富國銀行的盈餘能力應該就能夠充分反映到股價上，一百六十美元想必不算過份。反之，房地產行情如果更加惡化，富國股票價格就有可能會遠低於八十美元。如果碰到最糟情況，政府還有可能會接管銀行，股東也會被徹底勾消。

在這樣的情況下，我計畫按照十四美元價格，購買一九九五年一月到期的買權（稱為LEAPS，因為契約存續期間很長），履約價格為八十美元。這個選擇權讓我有權利在一九九五年一月契約到期之前，按照每股八十美元價格購買富國銀行股票。到時候，富國銀行股價如果是一百六十美元，LEAPS價格將上漲到八十美元——因為我到時候就可以用八十美元買進，然後立即以一百六十美元賣出。以十四美元的起始投資來說，獲利相當於六十六美元，報酬約為五倍。反之，富國銀行股價如果暴跌，我的損失頂多是十四美元。所以，透過LEAPS，我可以建構一個風險／報酬比率一：五的投資。

針對極端狀況的發展（也就是富國銀行股票大漲或大跌而倒閉的情況），直接投資股票的可行性很低。如果是在七十七美元買進，股價上漲到一百六十美元，獲利稍微超過八十美元。反之，如果銀行倒閉，虧損也將近八十美元。所以，這是一：一的賭注。詳細研究OID的文章之後，我相當信服其論述，因此對於富國銀行的未來發展頗有信心。根據我的評估，發生最壞情況的可能性只有五%。所以，不論是股票本身或LEAPS，我覺得都是很棒的投資機會。可是，就目前情況來判斷，LEAPS的風險／報酬結構更為恰當。

如果我真的很喜歡富國銀行，何不借錢買進股票呢？事實上，我買進LEAPS，其實也是同樣的意思——只是條件更好一些而已。我所採取的整個程序，可以用這樣的方式來看待：一九九二年十二月，我借取購買富國銀行股票的整個價款，而且只支付了借款利息。這筆利息涵蓋到一九九五年一月份為止的二十五個月期間。利息費率並不低，但還不至於跟信用卡相提並論。我所適用的利率，大概也就是S＆P的B或BB等級公司（雖然算不上投資等級，但也不太差）這種程度的借款利率。

可是，好處還在後頭。我只支付了貸款的利息費用。如果我最終不打算投資富國銀行（譬如其股價下跌，甚至跌到一文不值的程度），我甚至還可以不必清償貸款本金。在這樣的情況下，我的損失也就是最初所支付的利息費用而已。相反地，如果富國股票的價格上漲，我也能夠完全參與漲勢。我的獲利將是富國股票的全部漲幅，減掉前述的利息費用。這聽起來實在相當不錯。

結果如何呢？大概就如同伯克維茲所預測的。加州並沒有沈入太平洋，富國銀行在一九九四年的每股盈餘將近十五美元，一九九五年則超過二十美元。到了一九九四年九月時，股價果然上漲超過一百六十美元。至於LEAPS…該怎麼說呢？「全壘打——」！

認股權證簡述

各位如果喜歡LEAPS，就有可能會更喜歡認股權證（warrants）。認股權證持有人，有權在特定期間之內，按照特定價格購買股票。所以，認股權證類似於買權，但有兩方面差異。第一項差異是，認股權證是由相應股票公司所發行的。所以，一個能以八十二美元購買IBM股票的五年期認股權證，可以讓持有者在未來五年期間裡，隨時按照八十二美元價格向IBM購買股票。反之，買權則是買、賣雙方針對特定股票所簽署的契約，該契約與相應股票公司並沒有任何牽扯。

相較於一般買權，認股權證的第二項差異，在於發行當時的契約期間。認股權證的到期時間通常很長，顯著超過一般買權或LEAPS。以發行當時來說，一般買權的契約期間為幾個月，LEAPS通常是兩年半或更長，認股權證則是五或七年，甚至是十年。（還有一些是永續認股權證，沒有到期時間。）如同LEAPS一樣，關於認股權證的投資，基本上還是要考慮相應股票的投資功能。由於認股權證能夠長期間提供信用擴張與「保障」功能，所以值得花時間檢視相應股票是否值得投資。

選擇權與特殊狀況投資

警告：本節內容稍微複雜，適合進階讀者（但也歡迎賭性堅強的人）。以特殊狀況投資來說，由於選擇權市場存在一些鮮為人知的缺乏效率現象，因此往往能夠提供驚人的獲利機會。近二十多年來，電腦模型快速發展，不論任何型態的選擇權（包括LEAPS與認股權證在內），理論訂價都非常精確，而且目前有很多學術界與專業人士專門研究選擇權與其他衍生性交易證券（這類證券模擬的是其他證券的走勢），各位可能認為這方面交易已經用不上普通的紙與筆。事實上，相應企業如果涉及特殊狀況，市場派交易者在選擇權操作上，往往更能佔據優勢，因為實際上那些計量專家（電腦蛋頭）搞不懂很多事情。

正常情況下，對於選擇權交易者來說，相應股票價格只是單純的數字，而不是代表某種生意的價格。當專家學者在計算選擇權「理論」或「正確」價格時，會先衡量相應股票的歷史價格波動率（volatility），然後再把該數據套入布萊克-薛爾斯（Black-Scholes）之類的選擇權訂價模型，直接計算買權價格。（這是學者專家估計選擇權價值最常使用的公式。）

估計選擇權理論價值，除了價格波動率之外，還需要考慮其他訂價變數，包括：股票價格、履約價格、利率、剩餘到期時間等。價格波動率愈高，選擇權價格也愈高。可是，選擇權交易者運用這個公式時，通常並沒有考慮相應企業可能呈現的特殊交易狀況。舉例來說，相應股票有可能正在進行拆分交易、企業重整或合併，這些特殊事件有可能會顯著影響股價走勢，而這些走勢並不是價格波動率、利率…等訂價變數能夠解釋的。因此，這些正處於特殊情況下的公司，其選擇權訂價就有可能發生錯誤，機會也就因此而產生了。

企業進行的拆分交易完成之後，拆分股票與母公司股票都有可能會出現劇烈走勢，程度取決於拆分部門與母公司的規模相對大小。由於拆分交易分派股票的日期是預先公佈的，交易者如果知道這方面的資訊，以及其他基本面資訊，就能掌握「蛋頭」交易者（那些只根據「數字」做交易的人）所不能掌握的優勢。舉例來說，投資人可以買進拆分交易完成之後幾個星期或幾個月到期的買權。拆分交易完成的這段期間裡，母公司股票有可能會出現顯著的走勢，因為投資人稍早不願買進涉及拆分部門的股票，然而現在已經沒有這方面的顧慮了。另外，拆分股票本身也同樣有可能會出現重大的走勢，因為新股票沒有過去的交易紀錄可供參考，承銷商也無法設定期望價格區間。所以，對於拆分交易來說，選擇權有可能就是你可以創造獲利的場所。更明確來說，你對拆分交易進行程序與相應企業的相關知識，在此將能獲得更靈活的運用。

選擇權交易者如果懂得活用資訊，企業重整與合併也就是創造獲利的好機會。以重整交易來說，如果知道程序進行的時間安排，就能挑選出適當到期時間的選擇權。很多情況下，在現金或證券分派日期，或者是資產銷售預定日期時，相應股票都有可能會出現重大走勢。

至於購併案，部分購併價款經常是透過普通股方式支付，交易結束當天有可能會引發重大的價格走勢。購併公司的股票（購併完成時，選擇權的相應股票）會立即承受龐大的賣壓。大多數情況下，合併交易公佈之後，風險套利者就會開始買進標的公司，並放空購併者公司。可是，合併交易一旦完成，購併者股票的賣壓通常就會獲得抒解。另外，合併案完成的幾個星期之內，那些在合併案宣布當時沒有賣出持股的股東，經常都會拋售購併者股票。股東當初投資該公司股票應該都有其理由，但相同理由未必適用於購併者股票。這類賣壓一旦平息，購併者股票價格就有可能大漲。相較於購併者在外流通股票，如果合併企業新發行股票數量相對龐大，更容易發生這類情況。

好了，理論談得已經夠多了！現在就讓我們看看現實世界的案例，瞧瞧特殊公司事件如何把最精密的電腦模型搞得團團轉。

※ 個案研究

萬豪公司選擇權（Marriot Corporation Options）

本書第三章討論過的萬豪公司拆分交易，就是個很好的例子。如我們所知，萬豪公司準備拆分為兩家獨立公司，一家是「好的」萬豪國際公司，另一家是「不好的」萬豪主公司。萬豪國際預期將取得全部有價值的飯店管理契約，萬豪主公司則會取得難以處理的房地產，並承擔數十億的債務。一九九三年九月三十日進行拆分交易之前，大約還有十一個月的警告期間。

一九九三年八月，萬豪公司股價為27.75美元，當時履約價格二十五美元的一九九三年十月份到期買權價格為3.125美元。由於十月份第三個星期五為十月十五日（拆分交易將在九月三十日進行），所以前述買權到期之前，至少還有兩個星期，萬豪國際與萬豪主公司股票可獨立進行交易。一般來說，拆分交易如果在選擇權到期之前進行，選擇權持有人就可以取得母公司與拆分公司的股票。以目前這個案例來說，我如果在十月中旬執行前述買權，就可以按照二十五美元價格分別取得一股萬豪國際股票與一股萬豪主公司股票。

關鍵是：當我購買前述買權時，該買權的「理論」或「正確」訂價，並沒有忠實反映出拆分交易將在選擇權到期之前完成的事件。換言之，選擇權到期之前的一段期間裡，母公司與拆分公司的股票是可以獨立進行交易的。那些等待買進「好」公司（萬豪國際）股票的投資人，他們當初或許不想冒險買進萬豪股票，但現在他們則可以在十月初的前兩個禮拜內買進。這意味著萬豪國際股價在這段期間裡有可能會大漲。

另外，「壞的」萬豪主公司股票價值也有問題。萬豪主公司的負債超過二十五億美元，在外流通股票稍微超過一億股。因此萬豪主公司股價究竟是每股三美元還是六美元，差別並不像表面上看起來麼大。每股三美元的總市值為二十八億美元（3+25=28），每股六美元的總市值為三十一億美元（6+25=31），差別只有十%而不是表面上的一百%。總之，十月份的最初兩個星期裡，萬豪主公司與萬豪國際的股票交易勢必相當熱絡。

結果如何呢？大約在我購進前述買權的一個月之後，也就是九月三十日拆分交易進行的前幾天，萬豪公司股價上漲到28.50美元，前述買權的價格則為3.625美元。可是，到了十月十五日的選擇權到期日，市況發生了重大的變化。萬豪主公司股價為6.75美元，萬豪國際股價則為二十六美元。由於我的買權有權利按照二十五美元買進兩種股票，所以價格急漲到7.75美元（26+6.75-25=7.75）。十月三十日到期的買權，價格漲勢更驚人；該買權在九月二十三日的交易價格為0.25美元，選擇權到期前三個星期的價格則為2.75美元。

這種時候若想要評估萬豪選擇權的價格，就不能直接套用選擇權訂價模型了。所以，只要擁有一些知識與研究，就可以創造重大獲利。人生偶爾還是蠻公平的，不是嗎？

摘要總結——附贈免費優待券

1. 存根股票：如果想從事證券研究與分析，在股票市場中幾乎沒有任何其它比這個獲利更豐厚、更快速的領域了。
2. LEAPS：如果想從事證券研究與分析，在股票市場中幾乎沒有任何其它比這個獲利更豐厚、更快速的領域了（除了存根股票之外）。

3. 認股權證與特殊狀況選擇權投資：如果想從事證券研究與分析，在股票市場中幾乎沒有任何其它比這個獲利更豐厚、更快速的領域了（除了存根股票與LEAPS之外）。

免費優待

這張優待券可以免費取得一套『萬能瑞士刀組合』

- 本優待券必須配合五筆目前毫無價值之存根股票、LEAPS、認股權證或選擇權交易使用
- 本優待券必須在每個月第三個星期五之前使用，
- 而且要保留六～八個星期的交割期間

——然後可能還要等待一陣子的時間。

第七章

由大見小，見樹知林

好吧，你可以說我就像是個瘋狂的條子，總是不小心讓伙伴掛點：你知道嗎？我一直都在針對各種特殊企業狀況進行投資，也因此賺了不少錢，但你卻總是穿著連襪睡衣，老是陷身在脆弱不堪的部位之中？好吧，說不定我真的是瘋狂的警察，但：我究竟是或不是，很大成份其實是取決於你。

你雖然**可以成為**股市天才，但這個事實卻無法保證你一定**會成為**股市天才。就如同學習任何新技巧一樣，如果想要成為優秀的投資人，肯定相當耗費時間，而且需要不斷地練習。我已經儘可能讓你贏在起跑線，帶領你到達某個讓你佔盡各種優勢的投資領域。可是，你還是必須好好運用自己的判斷力。如果你並不是已經相當有經驗的股票投資人，剛開始最好還是只少量投資特殊狀況。隨著經驗與知識的成長，或許就可以慢慢培養出大量投資的信心。

如果你不想扮演「掛點的伙伴」這個角色，其實還有其他辦法。老實說，我也沒辦法扮演遊戲裡的救世主一直幫你復仇，所以你必須想辦法自己照顧自己。辦法之一，就是留意投資組合的組成。舉例來說，投資組合包含五、六筆拆分交易或許很合理，但如果全部都由LEAPS構成，那恐怕就有問題了。同樣地，除非是投資專家，否則投資組合集中火力於某個產業，顯然也非明智之舉。另外，過份仰賴保證金借款，往往會在最不恰當時機被迫結束所有部位，唯有經驗最豐富的投資人，才可以考慮大量採用借款投資。可是，所有這一切都只是常識而已。如果你缺乏投資方面的常識——而且又不願花時間去培養常識——恐怕就不適合管理投資組合。

對於投資所涉及的許多細節，本書能夠幫助你的地方實在很有限，因為在整個投資生涯裡，你必須做太多決策了。我不懂得保險、年金、商品、房地產（雖然推銷房地產給我，似乎是個很好的策略）、稀有貨幣、油井、賽狗，我不是這些領域的專家。可是，我確實還蠻懂得股票市場中的特殊狀況投資──而且我不知道還有什麼其他的任何地方，能夠賺取更好的報酬──我說的是穩定而長期的報酬。這也就是為什麼我的投資活動絕大部分都集中在這個領域的理由。可是，只因為這個策略對我有效，並不代表也對你有效。你的資金準備安排多少比重在特殊狀況股票，將取決於你個人的財務需要，以及你對於其他投資領域的知識掌握程度，還有你如何運用本書所提供的資訊。

本書所討論的所有「可以擊敗市場」的策略，雖然都能夠協助你創造（或提升）財富，但其中某些領域的策略顯然勝過其他的選擇。舉例來說，任何人都能參與拆分交易的遊戲；這是個相對容易的領域。你有太多機會可供挑選。便宜的投資機會會不斷浮現──因為這就是「該系統」運作的方式。另外，由於這類機會顯著勝過市場，所以你即使只能笨手笨腳地運作，想必也能創造出相當不錯的績效。還有一點值得特別強調的是，縱使整輩子都待在拆分交易領域（當然，最後會沒有人跟你講話，而你下巴掛著的口水也會開始讓你覺得不自在）──你也沒有必要另尋他途。記住，如果拆分交易是你最擅長的領域，千萬要設法繼續留在此處，直到他們把你趕走為止。

反之，有少數領域，相關活動則需要特別的謹慎，譬如LEAPS與特殊狀況選擇權，尤其是對於那些剛涉獵選擇權操作的人來說，更是如此。運用這類高度槓桿化的交易工具，即使只是投入極少量資金，也有可能有效提升整個投資組合的績效，但選擇權畢竟蘊含著非同小可的風險，如果不是徹底瞭解選擇權而想要在這個領域中活動，那就等於是在炸藥工場中拿著火把照明——縱使還能活著，依舊只能說你肯定是個白癡。

不論你打算從哪裡著手，都要記住：整個投資組合不可能一蹴而成。但即使你每隔二、三個月才碰到一個具有吸引力的投資機會，還是可以在一年之內建構出不錯的特殊狀況投資組合。若是如此，在兩年期間內，你可能就能進行八～十個不同的投資（但不管在任何時候，投資組合的構成數量都必須遠低於此）。正常情況下，你的投資組合不會只包含某單一類型機會，而應該要多少涉及其他特殊狀況，譬如：合併證券、孤兒型股票或重整交易等。如果你真想特別挑剔的話，那就應該針對每種領域，挑選出你瞭解最透徹，風險／報酬性質最好的一、兩個機會。

如同我稍早說過的，每一個拆分交易的故事全都迥然不同。近年來，這方面的機會實在太多，甚至有可能可以完全針對拆分交易建立投資組合（尤其是把母公司也考慮在內的話）。所以，在兩年期間內，如果想找到三、四個，或甚至五個適當的機會，應該是沒有問題的。雖然投資LEAPS的機會應該會更多（因為LEAPS隨時都有數以百計不同契約可供交易），但投資組合持有這類交易工具的資金比重，最好還是不要超過十或十五%，因為選擇權所蘊含的風險是很高的。

各位還可以考慮另一種操作方式。投資組合沒有必要完全集中於特殊狀況企業。或許還有其他策略適用於你。譬如說，你有可能是班哲明．葛拉罕的信徒。你或許無法花費大量時間與精力去挑選個別股票，但仍然渴望擊敗整體市場。挑選十五支或二十支股價明顯低於帳面價值的低本益比股票，應該就能達到你的目的。這種投資組合如果再點綴一些特殊狀況股票（約佔二十～三十％），應該就可以創造出令人滿意的結果。我雖然不太相信統計方式的投資（因為我總認為實際去研究與瞭解自己想投資的對象，結果一定會更好一些），但對於沒有充裕時間做研究的業餘投資人來說，這或許是種可接受的策略。

無論如何，假定你已經決心踏入這個領域，決定要投資特殊狀況股票。你捲起袖子準備開始幹活。接著該怎麼辦呢？你到哪裡去尋找這類特殊投資機會呢？哪些資訊來源對你有幫助呢？如果想充實一些基本知識，又應該怎麼做呢？我該如何才能夠很快瞭解一些基本的會計知識，譬如說如何閱讀資產負債表、損益表或現金流量表？嗯，首先——不要一下子問那麼多問題。至於你已經提出的問題，我倒很樂意回答，詳情請參考後文。

哪裡有特殊投資機會？

問題：該到哪裡去尋找這類特殊投資機會？

答案就是：閱讀、閱讀、閱讀！

各位或許並不認為，那些每天流通數百萬份的報紙，就是尋找這種賺錢機會的最好場所，但實際上就是如此。毋庸置疑地，《華爾街日報》就是提供這類投資點子的最佳資料來源。許多賺大錢的機會（包括本書所討論過的大多數例子）都曾經刊登在這份報紙的頭版，有時甚至長達好幾個月。一些規模比較小的企業，相關交易與變動的消息或許沒辦法刊登在報紙頭版，不過仍然會有相關的報導。這些新聞，如果想看的話，都看得到，尤其是在閱讀本書之後，你就更知道應該尋找什麼了。

舉例來說，有關派拉蒙公司的爭奪戰，頭版新聞就連續報導了將近六個月——但最後的結果卻沒有太多相關的報導。現金、股票與四種晦澀難懂的證券，顯然沒辦法佔據頭條新聞。《華爾街日報》雖然揭露了所有的資訊，但並沒有深入的報導。可是，各位應該要懂得如何自行深入研究。同理，某些小部門的拆分交易，過去可能很難引起你的注意，但現在應該會變成重要事件才對。即使是「破產」之類的字眼，一旦出現在報紙上，對你來說也會變成顯眼的戳記。而且，你知道箇中竅門在哪裡：別人只是閱讀新聞，你卻會在字裡行間找到新的投資機會。

除了《華爾街日報》之外，你其實沒有必要再閱讀其他東西，雖然任何財經新聞幾乎都能提供新點子。時間與興趣是唯一能夠限制你的東西。想要搜尋新的投資點子，我個人覺得特別好的報紙有《紐約時報》（New York Times）、《巴倫週刊》（Barron's）與《投資人經濟日報》（Investor's Business Daily）。本地報紙與地區性商業報紙也值得參考，因為有些特殊交易涉及到本地企業或附屬機構，區域性報紙將會有更深入、更持續性的報導。另外，一些專門報導特殊產業的報紙也有幫助，譬如《美國銀行家》（American Banker）或《鞋訊》（Footwear News），但除非你手頭上已經有了，否則就不用特別麻煩了。

另外還有一些著名的商業雜誌可供選擇。我覺得《富比士》（Forbes）與《精明資金》（Smart Money）經常有些好點子。可是，《商業週刊》（Business Weeks）、《財富雜誌》（Fortune）、《金融世界》（Financial World）、《價值雜誌》（Worth）、《錢雜誌》（Money）、《基普林格個人理財》（Kiplinger's Personal Finance）、《個人投資者雜誌》（Individual Investor）等都值得閱讀。你當然不能（也不想）閱讀所有這些刊物，所以：就如同做股票一樣，挑選自己喜歡的就可以了。記住，賺錢的重點是「質」，不是「量」。所以，不要搞死自己；有時間、有心情的時候才閱讀。如此一來，才會更有效率。

如果還覺得不夠，投資快訊（investment newsletters）是另一種值得參考的資料來源。這些全都是定期發行的刊物，年度訂閱費用通常介於五十～五百美元之間。一般來說，投資快訊聲名狼藉是有其根據的，但我還是列舉一些這方面特別有幫助的刊物。前文已經提過一種我最偏愛的《傑出投資人文摘》（Outstanding Investor Digest，電話：212-777-3330）。這份刊物經常訪問最頂尖的價值型投資經理人，談論的想法都相當具有說服力，而且容易瞭解。這份刊物尤其適合用來尋找LEAPS的投資對象，偶爾也會談論一些最近進行或完成重整的企業。

《轉機快訊》（The Turnaround Letter，電話：617-573-9550）是另一份值得參考的投資快訊。顧名思義，這份刊物大多談論那些處於轉機狀態的企業，主要包括兩方面，一是最近剛完成破產程序的孤兒型股票，另一是處於重整狀態的股票。這份快訊所提供的點子雖然有幫助，但通常只適合做為研究起點；換言之，你還是必須自行做研究。我的另一份推薦刊物是《迪克戴維斯文摘》（Dick Davis Digest，電話：954-467-8500）。這份刊物評估其他股票快訊的報導，並挑選出其中最好的一些構想。由於幾乎是總攬各種刊物討論的特殊投資狀況，所以經常可以藉此找到一些原本可能被錯過的機會。

複製大師的選擇

關於如何搜尋新的投資點子，還有另一種方法。你只需要打通電話，再做點研究即可。換言之，你只要打通電話，就能找到美國最傑出的價值投資人，然後向他們索取有關特殊狀況股票投資組合的資料。想要搜尋投資點子，「富蘭克林共同基金系列」（Franklin Mutual Series Fund，電話：800-448-3863）可能是首選對象，這是美國最頂尖的共同基金，你可以索取基金的公開說明書。這個基金集團的投資組合構成股票，大約有二十五%正在歷經企業特殊變動。基金經理人麥可．普萊斯（Michael Price）是位著名而傑出的價值投資人，擅長於特殊狀況操作。當然，你仍然要花費相當工夫才能透徹瞭解整個龐大的投資組合，找到其中某些基於過去或即將發生之重大企業事件而做的證券投資。對於這些特殊狀況投資，你要挑選目前股價與普萊斯當初投資成本最接近的對象（成本資料揭露於公開說明書中），這應該是最好的著手起點。

馬蒂．惠特曼（Marty Whitman）的「第三街價值型基金」（Third Avenue Fund，電話：800-443-1021）也提供類似的投資點子和機會。惠特曼是擅長於價值導向投資狀況的華爾街老手，其方法相當獨特而不流於俗套。還有一家新成立的基金「普塞納聚焦價值型基金」（Pzena Focused Value Fund，電話：800-385-7003），經理人叫做理查．普塞納（Richard Pzena），他曾經擔任伯恩斯坦公司（S.C. Bernstein & Co.）美國股票部門的主管。由於這家基金幾乎是完全集中火力於冷門的大型價值型股票，對於LEAPS投資經常可以提供很好的參考。普塞納持有規模最大的前三或前四個部位，或許就是很好的起點。（附註：雖然我持有普塞納公司的股份，但我是要你偷他的最佳點子，所以：「引狼入室」和「利益衝突」應該算是扯平了吧。）

從特定股票清單內尋找靈感，應該是很經濟有效的方法，尤其這些都是頂尖專家所精選的投資組合。可是，請記住，你所需要的，只是每隔一陣子有個適當的點子。換言之，你要的是「質精」而不是「量多」。因此，你應該儘可能專心研究某個概念，而不要將火力分散到好幾個不同的概念。請注意，不論你搜尋的點子是來自於《華爾街日報》還是共同基金投資組合，在深入研究之後，最終往往還是有可能得不到具體的結果，理由有可能是相關投資狀況無法提供你所需要的「安全餘裕」，或者是缺乏你想要的上檔潛能。缺乏具體結果，通常都是因為你不瞭解該特殊狀況——公司所屬產業、競爭環境，以及特殊變動所造成的影響。不過，這是沒有問題的。你所做的這方面搜尋，資料來源畢竟有限，只包含數量有限的特殊狀況。所以，不要弄得太勉強。你只要經常閱讀，包括每天的報紙；只要知道自己想要什麼，適當對象遲早都會出現。

投資訊息主要來源

問題：好！有點子了！然後呢？

一旦找到潛在的特殊狀況對象，你還可以從很多地方取得進一步資料。企業本身是提供投資訊息的最主要資料來源。美國證管會規定所轄上市企業必須定期或隨時申報某些資訊。

關於背景資料，最值得參考的應該就是公司的年度報告（證管會Form 10K報告），以及公司每季定期申報資料（證管會Form 10Q報告）。這些報告將會提供公司最近營運績效的相關資訊，其中包括最近的損益表、資產負債表，以及現金流量表。另外，有關企業主管持股、股票選擇權，以及整體薪資報酬安排方面的重要資訊，通常都可以在公司的年度股東委託說明書（proxy statement）查詢得到（Schedule 14A表格）。

至於特殊的公司事件，可供查詢的檔案如下：

- Form 8K 報告：當公司發生購併、資產出售、控制變動等重大事件時，就必須提出這份報告。
- Form S1，S2，S3，S4 報告：Form S1 到 S3 報告屬於公司發行新證券必須提出的上市登記報告書（registration statements）。Form S4 報告則適用於企業透過購併、其他事業結合方式、交換要約（exchange offer）、資本結構調整（recapitalization）、重整（restructuring）等方式分派證券。相關事件如果需要經過股東投票核准，這些檔案就可能會與股東委託說明書合併。
- Form 10 報告：這份報告用以提供拆分交易的資訊（包括拆分交易的所有相關資訊）。
- Form 13D 報告：凡是持有五％或以上公司股權的大股東，都必須針對其持股數量與持股動機提出報告。如果持股是基於投資目的，或許應該去瞭解該申報人的投資績效紀錄。如果持股是為了控制或影響公司經營，則可以視為企業即將發生特殊變動的前兆或催化因素。

- Form 13G 報告：機構投資人可以運用這份報告取代 Form 13D 報告，但只侷限於投資目的的股權變動。
- Schedule 14D-1 表格：這是外部團體申報的要約收購說明書（tender offer statement），提供預定收購案有關的很多背景資訊。你通常可以透過要約收購廣告代理的資訊中心取得這方面資料。
- Schedule 13E-3 表格與 Schedule 13E-4 表格：Schedule 13E-3 表格用於下市（going private）交易的檔案申報（譬如本書第四章討論的秀波企業交易）。Schedule 13E-4 表格則用於公司買回自身股票申報的要約收購說明書（譬如本書第五章討論的通用動力本身的公開收購）。記住，這兩種狀況都能創造重大獲利，而且揭露內容顯著超過一般水準，務必仔細閱讀。

大多數情況下，只要打電話給公司的投資公關部門，通常就能免費（或少量收費）取得前述檔案（好吧，有時候必須假裝是股東）。可是，所有這些資料現在都可以上網透過EDGAR系統免費取得。每家公司現在都必須透過EDGAR系統揭露電子文件檔案。（EDGAR是「電子資料收集分析檢索」〔Electronic Data Gathering Analysis and Retrieval〕的英文字頭語。）這些檔案一旦向證管會申報，就會在二十四小時之內上網，投資人可以透過兩個網站免費取得資料，這大概已經足夠因應各位的需要。目前，紐約大學提供的免費網站為http://edgar.stern.nyu.edu，美國證管會的網站為http://www.sec.gov。

如今，網路上每天都會新增加資訊服務。很幸運的是，如果每年支付49.95美元（印刷品訂閱費29.95美元），就能通過《華爾街日報》網站www.wsi.com得到你需要的每件資訊。你可以免費搜尋最近的新報導故事，付費者則可以額外搜尋數以千萬計的報導。這是個很難再挑剔的網站。對於個人投資者來說，EDGAR Online是個收費較低廉的網站（http://www.edgar-online.com/）。如果你必須馬上取得相關檔案，這個網站可以讓你在SEC歸檔的幾分鐘之內取得資料。基本服務的每月收費從9.95美元起跳。另外，Prodigy、Compuserve與美國線上（American Online）也提供各種不同層次的隨收隨付制原始文件服務。

還有一些專門提供文件資料的服務機構，它們可以印製、快遞或傳真這些文件到府，但必須收費，這些機構有：Disclosure（電話：800-874-4337）、Moody's（電話：800-342-5647）、Standard & Poor's（電話：212-208-8000）、Federal Filings（電話：888-333-3453）、Docutronics Information Services（電話：212-233-7140），以及CCH Washington Service Bureau（電話：800-955-5219）。通過這些高端服務機構取得資料，費用有可能介於十五到三十五美元之間。

投資訊息次要來源

為了迅速瀏覽某特定企業或產業的概況，資訊次要來源也很有用。就這方面運用來說，我經常採用著名的《價值線投資調查》（Value Line Investment Survey）。我並不使用它們所提供的投資等級資料，但《價值線》的個別企業報告很有用，能夠幫助投資人瞭解企業的營運歷史與投資績效。另外，由於《價值線》的報告是根據產業別整理，所以對於拆分交易與重整對象的價值估計，我們很容易取得產業方面的價值評估資料。《價值線》最近又推出擴張版本的報告，針對三千五百多家企業提供有用的資訊。對於個人投資者來說，這份報告確實相當昂貴，但大多數圖書館至少都有一份可供查詢。

很幸運的是，由於網路與其他電腦化服務科技的進步，很多重要的投資訊息現在都很容易取得，使用成本也更低廉。如果你沒辦法取得《價值線》，可以試試美國線上的「胡佛商業資源區」（Hoover Business Resources area），此處可以按照名稱或產業，查詢數以千計企業的財務與背景資訊。所有的主要線上服務機構，都提供類似的資訊。

日常的研究工作，當然也包括閱讀與回顧企業最近發生的新聞。就這方面來說，《華爾街日報》顯然最棒，但有時候為了整理更完整的報導資料，往往需要回頭尋找過去的相關報導。碰到這種情況時，基本的線上服務就能幫助你，但有個專業的新聞服務機構「道瓊新聞／檢索——私人投資者版本」（Dow Jones News/Retrieval——Private Investor Edition，電話：800-5252-3567）更方便運用於搜尋背景資料。不用擔心，你頂多每隔幾個月才會用上這類強大的搜尋工具，但你如果對於相關特殊狀況非常感興趣，隨時可以花費29.95美元（月費），就能無限搜尋道瓊新聞網、《華爾街日報》、《巴倫週刊》，以及無數其他刊物——幾乎已經沒什麼好挑剔的了。

還有另一個每天發送傳真的服務機構，可讓你隨時瞭解手頭上部位的最新狀況，以及新的交易機會。這個服務機構稱為「抬頭」（HeadUp），隸屬於Individual, Inc.（電話：800-414-1000），可以傳送特定領域有關的摘要新聞故事。舉例來說，你可能會收到下列主題的重要報導：「企業重整」、「合併與購併」、「企業破產新聞」等。這套服務收費大約是每個月三十美元，也可經由網路提供。

再次強調，其實你並不需要這些額外的花俏服務。訂閱《華爾街日報》，打電話給企業查詢資訊與新聞，再申請一張圖書館的借書證，這些就足夠了。大多數情況下，你的時間應該都花費在工作上。如果狀況發展很快速，幾個鐘頭時間就有可能會造成重大差異，那可能就不適合個人投資者。我們經常在電視上可以看到，那些華爾街專業人士比手畫腳、大聲吼叫，但你卻看不出來他們是在思考還是在做研究。他們其實是——嗯，我不確定他們在幹嘛，但你不用擔心。重點應該是專心於你有時間做研究和瞭解的狀況機會。

學習基本知識

問題：如果需要學些基本知識，怎麼辨？如何快速弄懂基本財務報表的內容？

就如同我父親常說的：「數字不會騙人，但人會編數字」。所以，談到資產負債表和損益表時，你最好要自己來。萬一欠缺這方面的基本知識，或許就要想辦法補充。不需要大張旗鼓。只要閱讀一些簡單的東西，就足以瞭解如何閱讀資產負債表和損益表了，譬如：約翰·崔西（John A. Tracy）的《How to Read a Financial Report》（如何閱讀財務報表）、詹姆士·班德勒（James Bandler）的《How to Use Financial Statements》（如何運用財務報表）與唐納·魏斯（Donald Weiss）的《How to Read a Financial Statements》（如何閱讀財務報表，這是由美國管理協會出版的小冊子，價錢四美元）。

很幸運的是，我最喜歡的一本這方面書籍才剛再版。班哲明·葛拉罕的《Interpretation of Financial Statements》（財務報表解讀）是薄薄的一本書，內容已經足夠你需要的了。事實上，如何學到這方面的基本知識並不重要，你大可到圖書館或跟朋友隨便借一本也就夠了。

關注現金流量

問題：現金流量是什麼？我為何要關心？（如何幫自己弄一點？）

現金流量（cash flow）有各種不同的定義。關於企業財務狀況的分析，我覺得現金流量是最重要的衡量之一，有人稱之為「自由現金流量」（free cash flow）。在很多情況下，相較於淨收益（net income），自由現金流量更容易讓人們瞭解企業每年的實際現金流動狀況。由於現金盈餘（相對於報表盈餘）可以用來支付股利、買回股票、清償債務、融通新的投資機會、進行購併…等，所以我們需要知道企業創造現金的能力。這部分的概念很單純，你所需要的資料，都可以從公司年報或季報的「現金流量表」取得。

我們知道，淨收益數據（通常表示為每股盈餘）只代表公司報帳的收益。淨收益包含一些非現金費用；反之，有些現金費用則不包含在淨收益計算範圍內。所謂的自由現金流量，就是要把非現金費用加回淨收益，然後扣掉某些現金費用，讓我們知道企業究竟創造了多少現金。

一般來說，非現金費用主要包括折舊（depreciation）與攤銷（amortization）費用。折舊是機器、設備等固定資產使用一段時間而提撥的成本。舉例來說，花費一百萬美元購買新機器而運用於生產，結果產生一百萬美元盈餘；在這種情況下，如果機器可以使用十年，當然沒道理把一百萬美元當做機器的使用費用。創造一百萬美元盈餘而發生的機器費用，可能是十萬美元，這樣或許更能反映經濟事實。所以，當年雖然花了一百萬美元購買機器，但損益表上只提撥十萬美元當做機器費用，這也就是機器的折舊費用。

攤銷與折舊的概念相同，是指**無形資產**使用一段時間而提撥的成本，也屬於非現金費用。無形資產是指壽命在一年或以上而沒有實際形體的資產。**商譽**就是最典型的無形資產。當企業購買其他事業，所支付價格可能高過可認定資產價值，這些超出的價值部分，通常在資產負債表上就會以商譽來表示，而攤銷期間不得超過五十年。在很多情況下，如果被取得事業的盈餘能力不會因為時間經過而減少，則前述攤銷費用便由企業盈餘扣減，而這只是一種做帳的行為，所以，這部分費用應該加回淨收益才對。

計算自由現金流量的基本程序如下：（一）從淨收益著手，（二）加上折舊與攤銷等非現金費用，（三）扣掉公司的資本支出，這些通常是從事投資、購買廠房設備而支付的現金。所以：

淨收益	$20
+ 折舊	$ 6
+ 攤銷	$ 3
	$29
- 資本支出	($5)
自由現金流量	$24

請注意，就目前這個例子來說，自由現金流量是淨收入的一百二十％。如果在相當長的一段期間裡，企業的自由現金流量始終高於淨收益，或許就應該根據自由現金流量來衡量企業的價值。（換言之，如果想要估計股價，我們就會考慮現金流量的倍數，而不是一般所使用的本益比。）反之，如果自由現金流量始終低於淨收益（而且不是因為資本支出特別大的緣故），或許就應該採用比較保守的自由現金流量來估計企業價值。

企業的自由現金流量之所以不同於帳面收益，理由有幾點。首先，折舊費用（固定資產歷史成本每年提撥的費用）或許不能精確反映企業重置廠房設備的資本支出。由於通貨膨脹的緣故，廠房設備的重置成本有可能會持續增加。在很多情況下，廠房設備雖然可以使用，但需要經常改善，才足以應付競爭，提高生產力。（舉例來說，由於競爭劇烈，為了招攬客戶，店面有時候必須提早重新裝修。）另一些情況下，每年提撥的折舊費用，也有可能會超過實際的資本支出。舉例來說，有些設備或資產的使用年限，就有可能會遠超過折舊年限。

前述狀況下，如果年度折舊費用（會計成本）與資本支出（實際現金支出）之間經常產生差異，則自由現金流量衡量可能就會優於收益。一旦加回非現金攤銷費用，則更有理由採用自由現金流量。對於一般健全的企業來說，攤銷費用只是會計數據，所以要加回攤銷費用，才能反映企業創造現金的能力。如果攤銷費用很大，自由現金流量通常是衡量企業盈餘能力的更適當指標。（各位或許還記得，在電視購物頻道的案例裡，拆分為銀王通訊的情況就是如此。）

另外，公司成長如果很快，資本支出可能就會跟著放大（自由現金流量減少），這未必是壞現象。這部分資本支出如果用來維繫既有設施，這方面安排就很重要。有些企業會列舉資本支出的細目，包括維修與擴張的資本支出，但通常必須打電話到公司查詢，才會知道這方面的資訊。總之，相較於折舊，如果資本支出很大，其本身並不是問題——因為這有可能是為了維繫公司成長，如此將有助於未來營運成功。

其他值得閱讀的書籍

問題：關於特殊狀況投資，還有什麼其他值得閱讀的書籍呢？

沒有了（開玩笑的）。關於本書所討論的特殊狀況投資，我沒有特別推薦的讀物。可是，有關於股票市場與價值投資等背景知識，則有很多好書值得閱讀。所有這方面的知識，當然對於特殊狀況投資也是有幫助的。所以，各位如果有時間和興趣，以下就是我推薦的讀物清單：

- 大衛．雷德曼（David Dremen）的《逆向投資策略》（Contrarian Investment Strategies: The Next Generation）。

- 班哲明．葛拉罕（Benjamin Graham）的《智慧型股票投資人》（The Intelligent Investor: A Book of Practical Counsel, New York: HarperCollins, 1986、寰宇出版）。
- 羅伯．郝格史東（Robert Hagstorm）的《勝券在握》（The Warren Buffet Way: Investment Strategies of the World's Greatest Investor, New York: Wiley, 1994）。
- 羅伯．霍格（Robert Haugen）的《新財務：關於效率市場假說》（The New Finance: The Case Against Effective Markets, New York: Prentice Hall, 1995）。
- 賽司．卡拉曼（Seth A. Klarman）的《安全餘裕》（Margin of Safety, New York: Harper Business, 1991）。
- 彼得．林區（Peter Lynch）的《彼得．林區選股戰略》（One Up on Wall Street, New York: Simon & Schuster, 1993）、《征服股海》（Beating the Street, New York: Simon & Schuster, 1994）。
- 安德魯．托比亞斯（Andrew Tobias）的《你唯一需要的投資指南》（The Only Investment Guide You'll Ever Need, 修訂更新版、New York: Harcourt Brace, 1996）。
- 約翰．德蘭（John Train）的《鈔票大師》（The Money Masters, New York: HarperCollins, 1994）。

第八章

樂趣盡在其中

駕駛帆船是我最喜歡的運動——它不涉及比賽，沒有目的，基本上就是到處漫遊。如果只是想在水面上移動，還有很多其他更快速的方法——如今的科技早就超前好幾個世紀了。如果是要前往某地，也有許多更有效率的方式。駕駛帆船所耗費的體力，與所移動的距離根本不成比例。重點並不是要到達什麼地方，事實上，我經常都是回到原點。重點其實是享受，儘可能享受旅途的快樂。駕駛帆船本身就是樂趣，一切樂趣盡在其中。

如果想要成為真正成功的投資人，你也必須樂在其中。華倫．巴菲特與彼得．林區如果只是為了照顧家人的溫飽與生計，早就沒必要繼續省吃儉用了。他們顯然是享受著投資的挑戰。如果你會因為行情下跌而失眠（甚至會因此而感到恐慌，並拋售所有的投資），或許就應該採取比較被動的投資方式。事實上，如果你無法享受這場「遊戲」，不覺得樂趣盡在其中，那也就不要麻煩了：人生還有許多更具生產力的其他生活方式。

當然，如果你能成功管理自己的投資，那也就能創造出一些附帶利益。大家都知道金錢不能買到所有的東西，但顯然能夠買到不少東西，譬如：安全感、安逸的退休生活，乃至於養家活口的能力。即使是從宗教觀點來看，金錢也未必是壞東西。事實上，如果用來幫助別人，金錢也可以具備正面力量。

有些人相信——包括十八世紀著名經濟學家亞當．史密斯在內——當每個人都追求自己的利益時，整個社會都會因此而受惠。透過股票市場，買賣股票可以創造企業股權，最終提供了企業生產的管道，使其得以募集資本，拓展業務。沒錯，這類的想法到目前為止，似乎運作得相當不錯。人們持續賭博，跑狗場的出納才能免於失業。但是，我很懷疑史懷哲（Albert Schweitzer）所追求的，是這種形式的利他主義；我認為，你的時間可能還有其他更高尚、更適當的用途。

對於很多人來說，「時間就是金錢」，但更適當的說法或許應該是「金錢就是時間」。時間畢竟才是每個人生命的通貨。一旦花掉，遊戲也就結束了。擁有金錢的最大效益之一，就是能夠追求那些需要時間與精力等天賦條件去營造的成就。事實上，沒有這些天賦條件，你就無法養家活口或貢獻社會。所以，金錢雖然不能買到快樂或甚至滿足，但還是可以買到一些其他東西。從某種角度來看，你是可以買到時間的——它可以讓你隨心所欲追求所想要的、讓你感受生命有意義的東西。

這本書可以從很多不同層次或角度來看待（如果你搭乘過升降梯，或許就能感受我的意思）。如果你是個具有相當經驗的股票投資人，但願本書能夠為你拓展另一個嶄新的投資世界或領域。從很多方面來說，你的工作現在將會變得更容易，因為你知道某些特殊狀況可以讓你佔有顯著的優勢。閱讀本書之後，你也應該更加清楚，碰到機會時，應該注意一些什麼事。對於初學乍練者，但願本書可以做為一種啟發或跳板。如果本書描述的機會看起來誘人，那麼所談論的其他領域應該也不至於超過一般投資人所能瞭解的範圍。你不必是個天才，但你對於財務報表必須有所理解，還要具備一些常識，以及營造經驗的耐心。

如同我經常強調的，如果要學好這些知識，就需要花費一番功夫，但結果肯定讓你覺得很值得。如果只是隨意翻閱本書，就能掌握本書所描述的成功投資方法，那麼誰都做得到，你也就沒什麼特別的優勢了。事實上，你必須比別人更努力，做一些群眾不會去做的事，這樣才能讓你獲得與大多數投資人不同的結果。股票市場成功的障礙，不完全在於聰明才智、非凡的生意頭腦（我甚至還會暈船），乃至於不同凡響的見解。現在，各位已經知道關鍵在哪裡：必須多努力，才會有機會。一旦這麼想，你就會覺得人生還蠻公平的。

人生雖然未必公平，但就長期而言，股票市場基本上是公平的。我雖然是個徹頭徹尾的反向思考者，但我同意一般人普遍接受的結論：股票市場是大多數人的投資首選工具。只要整體經濟與個別事業繼續成長，股票市場遲早就會反映這項事實。這並不是說股票市場永遠都會創造出優異的投資報酬。以最近的歷史來說，從一九六〇年代末期到一九八〇年代初期的一大段期間裡，主要股價指數幾乎沒有顯著進展。可是，就整體及長期而言，股票市場確實能夠精確反映其所代表之經濟的進展。

本書討論的主題，主要是特殊狀況投資所帶來的效益。這類投資雖然能夠受惠於上升行情，但那並非必要條件。由於便宜的投資機會是由特殊公司事件所創造出來的（這類事件在各種市況之下都有可能發生），因此新的便宜投資機會肯定會持續浮現。大多數情況下，這些便宜機會只會暫時存在。今天、明天或許不存在，但你如果做好功課，股票市場遲早會認同這些便宜機會所蘊含的價值。這也就是你為什麼要秉持著有紀律方式尋找便宜股票的理由。

本書主要是想讓各位知道，山頂上有個大雪球，而我們提供給你一份地圖，還有足夠的繩索與登山工具，所以你可以攀爬到山頂。你的工作——如果你選擇接受它的話——就是把雪球推下山，然後讓它滾動，讓它繼續成長。

附錄——歌譚國際

- 1995年一月（所有資本報酬完全退回給外部合夥人）
- 成立以來年度化報酬50.0%

（所有報酬經過會計師公證，投資組合已經扣除所有費用與合夥人績效獎金。）

年份	投資報酬 成立以來	1.00美元起始 投資累積金額
1985（前九個月）	+70.4%	$ 1.70
1986	+53.6%	$ 2.62
1987	+29.4%	$ 3.39
1988	+64.4%	$ 5.57
1989	+31.9%	$ 7.34
1990	+31.6%	$ 9.66
1991	+28.5%	$ 12.41
1992	+30.6%	$ 16.21
1993	+115.2%	$ 34.88
1994	+48.9%	$ 51.97

名詞解釋

- Amortization（攤銷費用，折舊費用）：針對企業之商譽、專利等無形資產，提列某段期間之使用成本，並由所得內扣除的非現金費用。商譽攤銷費用（可辨識資產之取得價格超出合理價值的部分）雖然是從所得扣減，但不屬於持續發生的現金費用。被取得事業的價值如果隨著時間經過而保持穩定或增加，可以把攤銷費用加回企業所得，藉以更清楚反映企業的真正盈餘能力（參考本書第七章討論的現金流量）。
- Beta（貝他值）：股價因為整體市場變動而隨之發生的變動。
- Black-Scholes Option Model（布萊克-薛爾德選擇權模型）：計算選擇權合理價值的數學訂價模型。正常情況下，這套模型很有用，但如果想要預測特殊狀況企業之選擇權價值，絕對會發生問題。
- Bond（債券）：到期必須清償特定款項的債務契約，通常也必須定期支付利息。相同企業所發行的債券，可能有高級（senior）和次級（junior）之分，還有相較於其他債務的清償順位之分（對於公司資產之求償權的優先順序）。公司債又分**擔保債券**（secured bond，有抵押擔保品）和**無擔保債券**（unsecured bond，無抵押擔保），通常稱為**公司債券**（debenture）。有些債券**可轉換**為其他證券，還有**零息債券**（zero-coupon bond），後者只需到期支付本金。**實務支付債券**（payment-in-kind 或 PIK 債券）允許發行者使用債券代替現金支付利息。

- Book Value per share（每股帳面價值）：資產負債表上顯示的股東權益價值除以發行股數。帳面價值代表企業資產歷史價值減掉負債的餘額。有形資產價值不包含商譽、專利等無形資產的價值。股票投資可以儘可能挑選股價接近帳面價值者，這是成功機會很高的投資策略。
- Capitalization（市值）：參考「市場資本價值」（Market capitalization）。
- Capital Spending（資本支出）：（為了改善目的）購買廠房、設備等固定資產。資本支出通常需要在使用年限裡分期提列折舊費用。
- Capital Structure（資本結構）：企業之債務和股東權益（股本）的結構。債務股本比率（debt-to-equity ratio）可以衡量企業之安全與風險資本結構。
- Cash Flow（現金流量）：有多種計算方法。一般所謂的現金流量，是指公司現金盈餘而言，包含淨收益，加上非現金支出（折舊與攤銷費用）。自由現金流量是相當有用的概念，因為考慮了企業的資本支出需要，它是指淨收益加上折舊／攤銷費用，減掉資本支出（參考第七章討論的自由現金流量）。

- Contrarian（反向思考者）：投資人願意從不同於群眾的立場做思考或採取行動。
- Debenture（公司債）：參考「債券」（bond）。
- Default（違約）：債務沒有按時清償本金或利息，或違背某些貸款契約條款，譬如：沒有達成最低目標盈餘，或沒有根據借款協議或債券委託資產。這也是布魯克林居民認為地震發生的原因。
- Depreciation（折舊）：為了核算固定資產——譬如：廠房與設備——在特定期間內的使用成本而從收益扣減的非現金費用。
- Efficient Market Theory（效率市場理論，Random Walk Theory 隨機漫步理論）：主張市場價格隨時都會反映出所有可供取得的資訊與未來預期，所以市場價格永遠都會呈現最有效率的價格。以最強式的效率市場理論來說，猴子投擲飛鏢的投資效率將不亞於專家。（附註：關於猴子的說法雖然正確，但這並不代表市場就呈現絕對效率。事實上，商學院所傳授的知識將讓投資人喪失競爭力，無法有效從事自己的股票研究工作。）
- Face Value（面值）：債券、票據、抵押貸款等交易工具或憑證所登錄的價值。債券交易工具到期時，通常都贖回面值金額。債務工具的交易價格可能會高於或低於面值。

- Indexing（Index Fund）（指數化，指數型基金）：模擬某特定市場指數之報酬績效的策略，換言之，購買相關指數的所有或大部分成份。舉例來說，標準普爾五百指數基金應該按照比例擁有標準普爾五百指數的所有成份股。
- Feety Pajamas（連襪睡衣）：連著襪子的睡衣，通常是小孩或股票損失嚴重的投資人穿著。
- Fiduciary（受託機構）：由受惠人授權委託，負責管理資金，並進行適當投資的個人或機構（換言之，出了差錯要被控告的人）。
- Fiscal Year（財務年度）：企業記帳期間，涵蓋十二個月。企業的財務年度有可能是對應行事曆年度（結束於十二月三十一日），但很多企業另有財務年度。
- Gilligan's Island：一九六〇年播出的電視喜劇節目。
- Insiders（內線人士）：企業的董事、主管與重要員工。這些人並不完全代表法律意義上的內線人士，但這些都是企業擬定決策的人。
- Institutional Investors（機構投資人）：協助他人進行投資的專業組織，規模很大，包括：退休基金、銀行、共同基金、保險公司、大學基金與工會基金等等。
- Leverage（槓桿）：財務槓桿是指企業負債數量相對於股本的關係。槓桿企業的債務股本比率很高。如果運用財務槓桿得宜，資金融通所創造的盈餘如果顯著超過融通成本，則可以提升股東報酬。槓桿投資是指投資人舉債投資（譬如：貸款購屋或融資購買股票），購買選擇權或認股權證也屬於槓桿操作，因為目前只要支付少量資金，將來即可取得大量資產。

- **Leveraged Buyout**（槓桿收購）：運用大量借取資金購併企業；換言之，就是把被購併公司的資產與盈餘能力做為抵押而借取款項。投資存根股票就是交易槓桿收購股票的手段，有時候也可以用於拆分交易或企業合併證券。
- **Liquidity**（流動性）：大量買賣股票或其他證券而不至於影響交易價格的性質。舉例來說，你如果打算買進十萬股 IBM，應該不會影響目前交易價格，但你如果想買十萬股某小型股，股價可能就會因而顯著提升。
- **Margin Debt**（保證金借款）：運用證券做為擔保品而進行融通。根據法規 T（Regulation T），個人投資者可以運用合格股票融通五十％的資金。那些經常運用保證金借款投資股票的人，請參考「連襪睡衣」。
- **Margin of Safety**（安全餘裕）：資產估計價值與其價格之間的緩衝。按照資產之「指示或鑑定」價值的顯著折扣進行投資，這就是班哲明．葛拉罕的概念。

- Market Capitalization（Market Value）（市場資本價值，市值）：代表公司的價值，也就是股票價格乘以在外流通股票數量（舉例來說，股價如果是十七美元，在外流通股票為一千萬股，資本市值就是一億七千萬美元。總市值則是資本市值加上債務價值。
- NASDAQ（納斯達克）：美國最大股票櫃臺市場（OTC）專供經紀商與交易商進行報價的電腦化系統。上市公司必須具備某些最低條件才可以透過此系統運作。
- Nonmarket Risk（非市場風險，非系統性風險，Unsystematic risk）：與整體市場走勢無關的股票風險。投資組合如果持有五～八種股票（分屬不同產業），就沒有必要太擔心這方面的風險。
- Options（選擇權）：這種證券的持有者有權利在特定期間內，按照特定價格買進或賣出相應證券。股票選擇權是以**契約**形式進行交易。一口契約代表買進或賣出一百股相應股票的權利。**買權**（call）讓持有者有權利在特定期間內，按照固定價格買進一百股。**賣權**（put）讓持有者有權利在特定期間內，按照固定價格賣出一百股。（有關選擇權的詳細內容，請參考本書第六章說明。）
- **獎勵股票選擇權**（incentive stock options）不同於一般選擇權，這是由公司發行給高級主管做為獎勵之用。

- Preferred Stock（優先股）：企業發行的某類型股票，在股利分派與清償順序上優於普通股，通常會支付特定水準的股利。企業發行優先股的清償順序高於債務。優先股可能具有累積性質，也就是說沒有支付的股利可以累積，而且在普通股得以收受股利之前，優先股累積股利必須先支付。有些優先股可以轉換為其他證券，也就是在特定期間之後，投資人得以贖回優先股，而且有權利交換為發行公司的其他證券。
- Price/Earnings Ratio（本益比）：股價除以每股盈餘的倍數，經常用以衡量股票價值。股價為十美元，每股盈餘一美元，本益比即為十倍。（本益比的倒數，稱為盈餘殖利率；換言之，盈餘一美元，股價十美元，盈餘殖利率為十%。有時候，如果想與債券或其他貨幣市場工具做比較，可以衡量股票的盈餘殖利率。）
- Pro Forma Financial Statement（初步財務報表）：假定某特定事件發生而造成的資產負債表、損益表或其他財務報表。舉例來說。針對企業合併而提供的初步損益表，顯示企業合併之後的盈餘狀況。
- Proxy Statement（股東委託說明書）：上市公司舉行股東會議針對重大事件做成決議的書面文件，必須向證管會申報。舉例來說，公司合併之前舉行董事會而發放給股東的股東委託說明書。

- Random Walk Theory（隨機漫步理論）：請參考「效率市場理論」（Efficient Market Theory）
- Risk Arbitrage（風險套利）：對於企業宣布購併交易或銷售股票給購併公司的交易，購買這類股票試圖獲利的行為（我說過，這不適合在家裡自己幹。）
- Securities and Exchange Commission（SEC）Filings（證管會申報檔案）：上市公司必須向政府主管機構申報的揭露檔案和文件；包括每年定期的財務報表與公司發展的重要資訊。
- Short Sale（放空）：借取證券賣出，希望將來低價回補而獲利。有點像是趁著低價買進褲子，以供溫暖天氣穿著。
- Stockbroker（股票經紀人）：有點像是律師、政客與保險推銷員的混合體（沒有職業歧視的意思，我的一些最好朋友都是股票經紀人）。
- Stock Split（股票分割）：公司股票按照比例增加在外流通股數，不會改變公司淨值或市場價值。譬如說，原本每股三十美元的股票，進行一：三的分割之後，原本三百萬流通股票將成長為九百萬股，但每股價格變為十美元。進行股票分割本身，並不會影響股票市場價值。

- Tender Offer（要約收購）：根據某特定價格購買公司部分或所有股票的公開報價；要約收購通常只有特定有效時限，定價通常高於市場價格。碰到惡意購併攻擊，通常可以採行要約收購手段。
- Underwriter（承銷商）：協助推銷新證券給投資大眾的專業機構；承銷商可能單獨運作，也可能聯合為承銷集團。負責承銷工作的機構，通常會折價買進公司所發行的所有證券，然後按照承銷價格販售給投資大眾。
- Village Idiot（村夫白痴）：有些人花幾百塊錢買一本投資書籍，就自以為能夠擊敗市場（開玩笑的）。
- Volatility（價格波動率）：衡量價格波動的程度；對於學術界人士來說，價格波動率是決定選擇權正確價值的最主要訂價變數，但不適合用來衡量長期獲利能力。
- Warrants（認股權證）：這種證券的持有人，有權利在特定期間內，按照特定價格購買發行公司的股票。舉例來說，按照每股一百美元買進 IBM 股票的五年期認股權證，其持有人有權利在五年期間內，隨時按照一百美元價格向 IBM 公司購買股票。
- Yield to Maturity（到期殖利率）：債券或債務工具持有至到期日的報酬率；購買債券或債務工具當時，如果按照面值的折價或溢價購買，則票息利率不等於到期殖利率。舉例來說，票息十%的十年期債券，如果按照面值的八十%買進，到期殖利率就會變成13.74％。票息殖利率（stated yield）與到期殖利率之間之所以會發生差異，是因為年利率十％作用在購買價格八十美元而不是一百美元，還有到期領回的是一百美元而不是八十美元。

寰宇圖書分類

技　術　分　析

分類號	書　名	書號	定價
1	波浪理論與動量分析	F003	320
2	股票K線戰法	F058	600
3	市場互動技術分析	F060	500
4	陰線陽線	F061	600
5	股票成交當量分析	F070	300
6	操作生涯不是夢	F090	420
7	動能指標	F091	450
8	技術分析&選擇權策略	F097	380
9	史瓦格期貨技術分析（上）	F105	580
10	史瓦格期貨技術分析（下）	F106	400
11	甘氏理論：型態－價格－時間	F118	420
12	市場韻律與時效分析	F119	480
13	完全技術分析手冊	F137	460
14	技術分析初步	F151	380
15	金融市場技術分析（上）	F155	420
16	金融市場技術分析（下）	F156	420
17	網路當沖交易	F160	300
18	股價型態總覽（上）	F162	500
19	股價型態總覽（下）	F163	500
20	包寧傑帶狀操作法	F179	330
21	陰陽線詳解	F187	280
22	技術分析選股絕活	F188	240
23	主控戰略K線	F190	350
24	精準獲利K線戰技	F193	470
25	主控戰略開盤法	F194	380
26	狙擊手操作法	F199	380
27	反向操作致富	F204	260
28	掌握台股大趨勢	F206	300
29	主控戰略移動平均線	F207	350
30	主控戰略成交量	F213	450
31	盤勢判讀技巧	F215	450
32	巨波投資法	F216	480
33	20招成功交易策略	F218	360
34	主控戰略即時盤態	F221	420
35	技術分析・靈活一點	F224	280
36	多空對沖交易策略	F225	450
37	線形玄機	F227	360
38	墨菲論市場互動分析	F229	460
39	主控戰略波浪理論	F233	360
40	股價趨勢技術分析──典藏版（上）	F243	600
41	股價趨勢技術分析──典藏版（下）	F244	600
42	量價進化論	F254	350
43	技術分析首部曲	F257	420
44	股票短線OX戰術（第3版）	F261	480
45	統計套利	F263	480
46	探金實戰・波浪理論（系列1）	F266	400
47	主控技術分析使用手冊	F271	500
48	費波納奇法則	F273	400
49	點睛技術分析一心法篇	F283	500
50	散戶革命	F286	350
51	J線正字圖・線圖大革命	F291	450
52	強力陰陽線(完整版)	F300	650
53	買進訊號	F305	380
54	賣出訊號	F306	380
55	K線理論	F310	480
56	機械化交易新解：技術指標進化論	F313	480
57	技術分析精論（上）	F314	450
58	技術分析精論（下）	F315	450
59	趨勢交易	F323	420
60	艾略特波浪理論新創見	F332	420
61	量價關係操作要訣	F333	550
62	精準獲利K線戰技(第二版)	F334	550
63	短線投機養成教育	F337	550
64	XQ洩天機	F342	450
65	當沖交易大全(第二版)	F343	400
66	擊敗控盤者	F348	420
67	圖解B-Band指標	F351	480
68	多空操作秘笈	F353	460
69	主控戰略型態學	F361	480
70	買在起漲點	F362	450
71	賣在起跌點	F363	450
72	酒田戰法—圖解80招台股實證	F366	380
73	跨市交易思維—墨菲市場互動分析新論	F367	550
74	漲不停的力量—黃綠紅海撈操作法	F368	480
75	股市放空獲利術—歐尼爾教賺全圖解	F369	380
76	賣出的藝術—賣出時機與放空技巧	F373	600
77	新操作生涯不是夢	F375	600
78	新操作生涯不是夢-學習指南	F376	280
79	亞當理論	F377	250

智慧投資

分類號	書名	書號	定價
1	股市大亨	F013	280
2	新股市大亨	F014	280
3	新金融怪傑（上）	F022	280
4	新金融怪傑（下）	F023	280
5	金融煉金術	F032	600
6	智慧型股票投資人	F046	500
7	瘋狂、恐慌與崩盤	F056	450
8	股票作手回憶錄	F062	450
9	超級強勢股	F076	420
10	非常潛力股	F099	360
11	約翰・奈夫談設資	F144	400
12	與操盤贏家共舞	F174	300
13	掌握股票群眾心理	F184	350
14	掌握巴菲特選股絕技	F189	390
15	高勝算操盤（上）	F196	320
16	高勝算操盤（下）	F197	270
17	透視避險基金	F209	440
18	倪德厚夫的投機術（上）	F239	300
19	倪德厚夫的投機術（下）	F240	300
20	交易・創造自己的聖盃	F241	500
21	圖風勢——股票交易心法	F242	300
22	從躺椅上操作：交易心理學	F247	550
23	華爾街傳奇：我的生存之道	F248	280
24	金融投資理論史	F252	600
25	華爾街一九〇一	F264	300
26	費雪・布萊克回憶錄	F265	480
27	歐尼爾投資的24堂課	F268	300
28	探金實戰・李佛摩投機技巧（系列2）	F274	320
29	金融風暴求勝術	F278	400
30	交易・創造自己的聖盃（第二版）	F282	600
31	索羅斯傳奇	F290	450
32	華爾街怪傑巴魯克傳	F292	500
33	交易者的101堂心理訓練課	F294	500
34	兩岸股市大探索（上）	F301	450
35	兩岸股市大探索（下）	F302	350
36	專業投機原理 I	F303	480
37	專業投機原理 II	F304	400
38	探金實戰・李佛摩手稿解密（系列3）	F308	480
39	證券分析第六增訂版（上冊）	F316	700
40	證券分析第六增訂版（下冊）	F317	700
41	探金實戰・李佛摩資金情緒管理（系列4）	F319	350
42	期俠股義	F321	380
43	探金實戰・李佛摩18堂課（系列5）	F325	250
44	交易贏家的21週全紀錄	F330	460
45	量子盤感	F339	480
46	探金實戰・作手談股市內幕（系列6）	F345	380
47	柏格頭投資指南	F346	500
48	股票作手回憶錄-註解版（上冊）	F349	600
49	股票作手回憶錄-註解版（下冊）	F350	600
50	探金實戰・作手從錯中學習	F354	380
51	趨勢誡律	F355	420
52	投資悍客	F356	400
53	王力群談股市心理學	F358	420
54	新世紀金融怪傑（上冊）	F359	450
55	新世紀金融怪傑（下冊）	F360	450
56	金融怪傑(全新修訂版)(上冊)	F371	350
57	金融怪傑(全新修訂版)(下冊)	F372	350
58	股票作手回憶錄(完整版)	F374	650

共同基金

分類號	書名	書號	定價
1	柏格談共同基金	F178	420
2	基金趨勢戰略	F272	300
3	定期定值投資策略	F279	350
4	理財贏家16問	F318	280
5	共同基金必勝法則-十年典藏版（上）	F326	420
6	共同基金必勝法則-十年典藏版（下）	F327	380

投　資　策　略

分類號	書　名	書號	定價
1	股市心理戰	F010	200
2	經濟指標圖解	F025	300
3	經濟指標精論	F069	420
4	股票作手傑西・李佛摩操盤術	F080	180
5	投資幻象	F089	320
6	史瓦格期貨基本分析（上）	F103	480
7	史瓦格期貨基本分析（下）	F104	480
8	操作心經：全球頂尖交易員提供的操作建議	F139	360
9	攻守四大戰技	F140	360
10	股票期貨操盤技巧指南	F167	250
11	金融特殊投資策略	F177	500
12	回歸基本面	F180	450
13	華爾街財神	F181	370
14	股票成交量操作戰術	F182	420
15	股票長短線致富術	F183	350
16	交易，簡單最好！	F192	320
17	股價走勢圖精論	F198	250
18	價值投資五大關鍵	F200	360
19	計量技術操盤策略（上）	F201	300
20	計量技術操盤策略（下）	F202	270
21	震盪盤操作策略	F205	490
22	透視避險基金	F209	440
23	看準市場脈動投機術	F211	420
24	巨波投資法	F216	480
25	股海奇兵	F219	350
26	混沌操作法 II	F220	450
27	傑西・李佛摩股市操盤術 (完整版)	F235	380
28	股市獲利倍增術 (增訂版)	F236	430
29	資產配置投資策略	F245	450
30	智慧型資產配置	F250	350
31	SRI 社會責任投資	F251	450
32	混沌操作法新解	F270	400
33	在家投資致富術	F289	420
34	看經濟大環境決定投資	F293	380
35	高勝算交易策略	F296	450
36	散戶升級的必修課	F297	400
37	他們如何超越歐尼爾	F329	500
38	交易，趨勢雲	F335	380
39	沒人教你的基本面投資術	F338	420
40	隨波逐流～台灣50平衡比例投資法	F341	380
41	李佛摩操盤術詳解	F344	400
42	用賭場思維交易就對了	F347	460
43	企業評價與選股秘訣	F352	520
44	超級績效─金融怪傑交易之道	F370	450
45	你也可以成為股市天才	F378	350

程　式　交　易

分類號	書　名	書號	定價
1	高勝算操盤（上）	F196	320
2	高勝算操盤（下）	F197	270
3	狙擊手操作法	F199	380
4	計量技術操盤策略（上）	F201	300
5	計量技術操盤策略（下）	F202	270
6	《交易大師》操盤密碼	F208	380
7	TS程式交易全攻略	F275	430
8	PowerLanguage 程式交易語法大全	F298	480
9	交易策略評估與最佳化（第二版）	F299	500
10	全民貨幣戰爭首部曲	F307	450
11	HSP計量操盤策略	F309	400
12	MultiCharts快易通	F312	280
13	計量交易	F322	380
14	策略大師談程式密碼	F336	450
15	分析師關鍵報告2-張林忠教你程式交易	F364	580

期　　貨

分類號	書　名	書號	定價
1	期貨交易策略	F012	260
2	股價指數期貨及選擇權	F050	350
3	高績效期貨操作	F141	580
4	征服日經225期貨及選擇權	F230	450
5	期貨賽局（上）	F231	460
6	期貨賽局（下）	F232	520
7	雷達導航期股技術（期貨篇）	F267	420
8	期指格鬥法	F295	350
9	分析師關鍵報告（期貨交易篇）	F328	450

選　　擇　　權

分類號	書　名	書號	定價
1	股價指數期貨及選擇權	F050	350
2	技術分析＆選擇權策略	F097	380
3	認購權證操作實務	F102	360
4	交易，選擇權	F210	480
5	選擇權策略王	F217	330
6	征服日經225期貨及選擇權	F230	450
7	活用數學・交易選擇權	F246	600
8	選擇權交易總覽（第二版）	F320	480
9	選擇權安心賺	F340	420
10	選擇權36計	F357	360

債　　券　　貨　　幣

分類號	書　名	書號	定價
1	貨幣市場＆債券市場的運算	F101	520
2	賺遍全球：貨幣投資全攻略	F260	300
3	外匯交易精論	F281	300
4	外匯套利 ①	F311	450

財　務　教　育

分類號	書　名	書號	定價
1	點時成金	F237	260
2	蘇黎士投機定律	F280	250
3	投資心理學（漫畫版）	F284	200
4	歐尼爾成長型股票投資課（漫畫版）	F285	200
5	貴族．騙子．華爾街	F287	250
6	就是要好運	F288	350
7	黑風暗潮	F324	450
8	財報編製與財報分析	F331	320
9	交易駭客任務	F365	600

財　務　工　程

分類號	書　名	書號	定價
1	固定收益商品	F226	850
2	信用性衍生性&結構性商品	F234	520
3	可轉換套利交易策略	F238	520
4	我如何成為華爾街計量金融家	F259	500

金　融　證　照

分類號	書　名	書號	定價
1	FRM 金融風險管理（第四版）	F269	1500

國家圖書館出版品預行編目 (CIP) 資料

你也可以成為股市天才 / Joel Greenblatt 著 ; 黃嘉斌譯 .
-- 初版 . -- 臺北市 : 寰宇 , 2015.09
面 ; 14.8 x 21 公分 . -- (寰宇投資策略 ; 378)

ISBN 978-986-6320-87-3 (平裝)

1. 股票投資 2. 投資技術 3. 投資分析

563.53 104017948

寰宇投資策略 378

你也可以成為股市天才

作　　者	Joel Greenblatt
譯　　者	黃嘉斌
主　　編	藍子軒
美術設計	富春全球股份有限公司
封面設計	鼎豐整合行銷
校　　稿	陳昭如
發 行 人	江聰亮
出 版 者	臺北市仁愛路四段 109 號 13 樓 TEL: (02) 2721-8138 FAX: (02) 2711-3270 E-mail:service@ipci.com.tw http://www.ipci.com.tw 劃撥帳號 1146743-9
登 記 證	局版台省字第 3917 號
定　　價	350 元
出　　版	2015 年 9 月初版一刷

ISBN 978-986-6320-87-3 (平裝)